移动电子商务基础

职 业 教 育 财 经 商 贸 类 专 业 教 学 用 书

主　编　李怀恩

华东师范大学出版社
上海

图书在版编目(CIP)数据

移动电子商务基础/李怀恩主编. —上海:华东师范大学出版社,2019

ISBN 978-7-5675-9097-7

Ⅰ.①移… Ⅱ.①李… Ⅲ.①移动电子商务 Ⅳ.①F713.36

中国版本图书馆 CIP 数据核字(2019)第 145589 号

移动电子商务基础

主　　编	李怀恩
项目编辑	何　晶
特约审读	胡　越
责任校对	王建芳
装帧设计	庄玉侠

出版发行	华东师范大学出版社
社　　址	上海市中山北路 3663 号　邮编 200062
网　　址	www.ecnupress.com.cn
电　　话	021-60821666　行政传真 021-62572105
客服电话	021-62865537　门市(邮购)电话 021-62869887
地　　址	上海市中山北路 3663 号华东师范大学校内先锋路口
网　　店	http://hdsdcbs.tmall.com

印 刷 者	昆山市亭林印刷有限责任公司
开　　本	787毫米×1092毫米　1/16
印　　张	14
字　　数	348 千字
版　　次	2019 年 9 月第 1 版
印　　次	2024 年 2 月第 5 次
书　　号	ISBN 978-7-5675-9097-7
定　　价	35.00 元

出版人　王　焰

(如发现本版图书有印订质量问题,请寄回本社客服中心调换或电话 021-62865537 联系)

前言

　　本书介绍了移动电子商务的概念、特点、发展趋势,商业模式,移动电子商务技术,移动支付运营模式,常用移动支付工具,移动电子商务安全管理,移动营销的特点,移动营销渠道等基本知识,还完整地介绍了微店开设运营的全过程。

　　本书在编写思路上以学生为主体,以项目为驱动,让学生亲身体验电子商务实践,实现"做中学,学中做"。根据相关专业学生的特点,理论部分以够用为原则,侧重了解移动电商发展新趋势,开拓学生视野。

　　本书每个项目都设计了移动电子商务实践活动和拓展练习,让学生充分参与其中,锻炼学生的学习能力和动手能力。在内容上结合微商营销热点,引入大量案例,为读者呈现实用的移动营销与推广方法。

　　最后,本书还选取了一个化妆品类微店的实战案例,使学生可以综合运用所学到的知识和技能,在教学中也可以作为本课程的综合性考核任务。

　　本书由李怀恩主编,黄雯雯任副主编,曾智平参与编写。其中项目一、项目三(任务1)由曾智平编写,项目二、项目三(任务2)、项目四由李怀恩编写,项目五由黄雯雯编写。由于编者水平有限,书中不妥或疏漏之处在所难免,希望广大读者批评指正。

编　者

2019 年 7 月

目录

项目一　移动电子商务概述 ·· 1
　　任务1　初识移动电子商务 ·· 1
　　任务2　移动电子商务商业模式 ·· 7

项目二　移动电子商务技术 ·· 14
　　任务1　移动操作系统和移动终端设备 ·································· 14
　　任务2　二维码技术 ·· 21
　　任务3　移动定位技术 ·· 27
　　任务4　移动支付 ·· 35
　　任务5　移动电子商务安全管理 ·· 41

项目三　移动营销概述 ·· 51
　　任务1　了解移动营销 ·· 51
　　任务2　移动营销渠道 ·· 58

项目四　移动营销策略与方法 ·· 82
　　任务1　微信营销方法 ·· 82
　　任务2　微博营销方法 ·· 115
　　任务3　自媒体营销方法 ·· 133

项目五　微店运营 ·· 150
　　任务1　开设微店 ·· 150

任务2	上架微店商品	158
任务3	装修微店	169
任务4	微店交易管理	179
任务5	推广微店	188
任务6	微店推广技巧	196
任务7	化妆品类微店实战案例	208

项目一 移动电子商务概述

项目目标

通过本项目的学习,应达到以下目标:
◇ 了解移动电子商务的概念、特点和优势
◇ 了解移动电子商务的发展和趋势
◇ 熟悉移动电子商务的分类
◇ 了解移动电子商务新模式

任务 1 初识移动电子商务

  任务描述

如今有越来越多的人使用手机上网,人们只要轻点手机就能了解到自己关心的信息。小明是某学校移动电子商务专业大一新生,他看到了移动电子商务的前景,所以选择了这个专业。可是移动电子商务究竟要怎样开展,小明并不清楚,因此他决定先从移动电子商务的基础知识学习开始。

  任务实施

 移动电子商务的概念、特点和优势

1. 移动电子商务的概念

移动电子商务就是利用手机、掌上电脑(PDA)及平板电脑等无线终端进行的 B2B、B2C、C2C 或 O2O 的电子商务。它将互联网、移动通信技术、短距离通信技术及其他信息处理技术完美地结合,使人们可以在任何时间、任何地点进行各种商贸活动,实现随时随地、线上线下的购物与交易、在线电子支付,以及各种交易活动、商务活动、金融活动和相关的综合服务活动等。

> **小提示**
>
> 就目前而言,掌上电脑已经逐渐退出了移动终端设备的实体市场,取而代之的移动终端主要包括手机、平板电脑、笔记本电脑等设备。

2. 移动电子商务的特点

移动电子商务是未来发展的趋势,与传统的电子商务活动相比,移动电子商务具有如下几个特点:

(1) 更具开放性、包容性

移动电子商务因为接入方式无线化,使得任何人都更容易进入网络世界,从而使网络范围延伸更广阔、更开放;同时,使网络虚拟功能更带有现实性,因而更具有包容性。

(2) 无处不在,随时随地体验

移动电子商务的最大特点是"自由"和"个性化"。传统电子商务已经使人们感受到了网络所带来的便利和快乐,但它的局限在于必须有线接入。而移动电子商务则可以弥补传统电子商务的这种缺陷,可以让人们随时随地结账、订票或者购物,感受独特的商务体验。

(3) 潜在用户规模大

截至2017年6月,我国手机网民规模达7.24亿,较2016年底增加2 830万人。网民中使用手机上网的比例由2016年底的95.1%提高至96.3%,增加1.2个百分点,网民手机上网比例在高基数基础上进一步攀升。显然,从电脑和手机的普及程度来看,手机远远超过了电脑。以手机为主要载体的移动电子商务在用户规模上优于传统的电子商务。

(4) 能较好确认用户身份

对传统的电子商务而言,用户的消费信用问题一直是影响其发展的一大问题,而移动电子商务在这方面显然拥有一定的优势。这是因为手机号码具有唯一性,手机SIM卡片上存储的用户信息可以确定一个用户的身份,而随着手机实名制的推行,这种身份确认将越来越容易。对于移动商务而言,这就有了信用认证的基础。

(5) 定制化服务

由于手机具有比PC机更高的可连通性与可定位性,因此移动商务的生产者可以更好地发挥主动性,为不同顾客提供定制化的服务。例如,开展依赖于包含大量活跃客户和潜在客户信息的数据库的个性化短信息服务活动,以及利用无线服务提供商提供的人口统计信息和基于移动用户当前位置的信息,商家可以通过具有个性化的短信息服务活动进行更有针对性的广告宣传,从而满足客户的需求。

(6) 移动电子商务易于推广使用

移动通信所具有的灵活、便捷的特点,决定了移动电子商务更适合大众化的个人消费领域。比如自动支付系统,包括自动售货机、停车场计时器等;半自动支付系统,包括商店的收银柜机、出租车计费器等;日常费用收缴系统,包括水、电、煤气等费用的收缴等;移动互联网接入支付系统,包括登录商家的WAP站点购物等。

(7) 移动电子商务领域更易于技术创新

移动电子商务领域因涉及IT、无线通信、无线接入、软件等技术，并且商务方式更具多元化、复杂化，因而在此领域内很容易产生新的技术。随着我国4G网络的普及与应用，这些新兴技术将转化成更好的产品或服务。所以移动电子商务领域将是下一个技术创新的高产地。

3. 移动电子商务的优势

与传统电子商务相比，移动电子商务具有如下优势：

(1) 不受时空限制的移动性

同传统的电子商务相比，移动电子商务一个最大优势是移动用户可随时随地获取所需的服务信息和娱乐。

(2) 提供更好的私密性和个性化服务

首先，移动终端一般都属于个人使用，不是公用的，移动商务使用的安全技术也比PC端的电子商务更先进，因此可以很好地保护用户的私人信息；其次，移动商务能更好地实现移动用户的个性化服务。

(3) 信息的获取将更为及时

移动电子商务中移动用户可实现信息的随时随地访问，这本身就意味着信息获取的及时性。但需要强调的是，同传统的电子商务相比，用户终端更加具有专用性。

(4) 提供基于位置的服务

移动通信网能获取和提供移动终端的位置信息，与位置相关的商务应用成为移动电子商务领域中的一个重要组成部分，如GPS卫星定位服务。

活动2　移动电子商务的发展和趋势

1. 全渠道、线上线下融合发展是趋势

移动电商时代，消费者的需求和网购的环境均有较大改变，用户希望随时随地精准购买到所需的商品和服务；另外，由于商品供大于求，单一渠道发展的增量空间有限，线上和线下均在布局全渠道发展（如图1-1所示）。线下消费体验和线上购物便利的双向需求将带来线上和线下购物期望值的融合，未来线上线下融合是新零售时代的重要发展趋势。

2. 社交化分享是移动电商时代新营销方式

与传统电子商务企业通过一个平台聚集所有商家和流量的中心化模式不同，去中心化的电子商务模式是以微博、微信等移动社交平台为依托，通过自媒体的粉丝经济模式的分享传播来获取用户，消费者的购买需求会在人们碎片化的社交场景中被随时激发（如图1-2所示）。例如贝贝网开设红人街频道，融合了社交、内容及直播等新型营销方式，达人分享服饰搭配并通过与粉丝的互动引导用户消费。

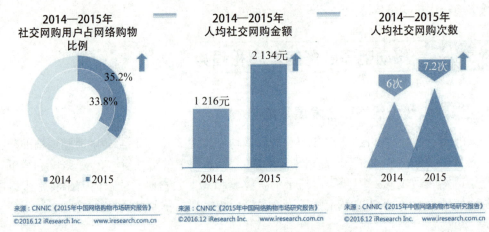

图 1-1 线上线下融合的原因

图 1-2 社交化网购发展趋势之一

3. 内容化、粉丝化、场景化成为发展新方向

移动电商时代,用户的消费路径和习惯发生了很大的变革,消费需求场景化,移动购物模式多样,从搜索到推荐,用户对精准内容要求越来越高。内容化、粉丝化和场景化成为吸引流量的新方式(如图 1-3 所示)。各大移动电商网站纷纷布局内容营销。

图 1-3 内容化、粉丝化、场景化发展新方向

4. 垂直品类经济或人群经济成为发展新趋势

随着国民经济快速发展，人民生活水平提高，各方面消费力量兴起。一方面，90后、女性等细分用户成为消费新动力；另一方面，用户更加注重商品品质，更多选择符合自身特征的商品。在此基础上，基于特定品类和特定人群的垂直经济成为新的发展趋势。例如贝贝网围绕母婴人群发展的"妈妈经济"，基于特定人群，打造一站式购物入口；以易果生鲜为代表的生鲜电商和以土巴兔为代表的家装电商崛起，基于垂直行业深入发展。其中，2016年中国生鲜电商市场交易规模超900亿，2017年交易规模超过1 000亿元（如图1-4所示）。

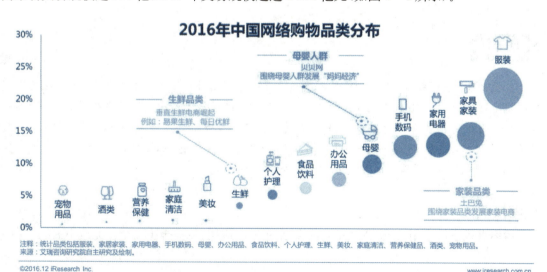

图 1-4 2016 年中国网络购物品类分布

5. 大数据将成为移动电商核心驱动引擎

美国互联网数据中心指出,互联网上的数据每年增长 50%,且增速仍处于逐渐升高状态。随着互联网计算处理技术的逐渐成熟,大数据开始应用到各行各业(如图 1-5 所示)。移动电商流量红利渐失,大数据将成为新的利益推动点,精准匹配供求信息、个性化推荐、用户偏好预测、优化页面,提升营销和运营效率。

图 1-5 大数据在电商领域的应用

小知识

截至 2017 年 6 月,我国手机网民规模达 7.24 亿,较 2016 年底增加 2 830 万人。网民中使用手机上网的比例由 2016 年底的 95.1% 提升至 96.3%,手机上网比例持续提升。上半年,各类手机应用的用户规模不断扩大,场景更加丰富。其中,手机外卖应用增长最为迅速,用户规模达到 2.74 亿,较 2016 年底增长 41.4%;移动支付用户规模达 5.02 亿,线下场景使用特点突出,4.63 亿网民在线下消费时使用手机进行支付。

拓展任务 1

请你进入手机应用市场,找到相对应类别的 App 应用(每类至少 3 个),完成下表。

类别	App 名称（图标）
购物	
旅游订票	
游戏娱乐	
医疗健康	
金融支付	

拓展任务 2

如果你还没有尝试过使用手机购物，请你下载并安装一款购物 App，并尝试购买一件商品。

任务 2　移动电子商务商业模式

小明作为移动电子商务专业的学生，对专业充满憧憬，经过多次实地调研和亲身体验，在感受到移动电子商务带来的便利后，更加坚定了毕业后利用专业知识进行创业的想法。现在，小明需要对移动电子商务商业模式做更多的了解。

活动 1　移动电子商务分类

根据移动电子商务的不同业务特征，移动电子商务业务可以有多种分类方法，以下从运营者角度和用户角度进行分类。

1. 从运营者视角分类

从运营者视角可以分成交易类业务和安全认证类业务（如图 1-6 所示）。根据交易商品性质的不同，各种交易类业务可以细分为以下五种类别：实物商品交易类、数字商品交易类、信息服务类、金融服务类、积分类。目前开展的移动电子商务业务中，金融服务类业务开展比较早，已开展的业务有手机银行、手机证券；对于购物类业务，目前开展了商店购物、第三方支付和自动贩卖机业务。安全认证类业务对商务活动起着支持作用，用于保证商务交易中的信任关系，它是商务活动中不可或缺的重要环节。

2. 从用户视角分类

按照交易的主体不同,可将移动电子商务应用分为个人类应用、企业类应用和政府类应用(如图1-7所示)。针对个人用户移动商务应用,企业可通过移动门户直接向用户提供个性化和本地化的信息服务。例如,大众点评网提供的服务,可提供基于位置的信息,如与用户的当前位置直接相关的宾馆预订、加油站查询。针对企业用户的移动商务应用,如B2B应用。针对政府机关的移动商务应用,如移动电子政务,通过移动电子政务平台,政府人员可实现远程登录、移动办公,用户可以实现政务网站的无线访问,或及时收到紧急事故的短信通知。

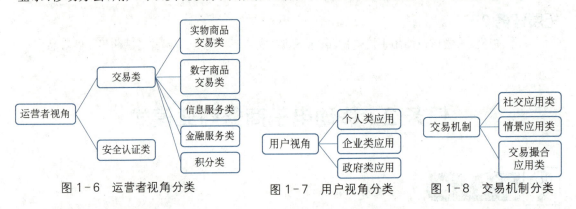

图1-6 运营者视角分类   图1-7 用户视角分类   图1-8 交易机制分类

3. 按照交易机制的不同

按照交易机制的不同,可将移动电子商务分为社交应用类、情景应用类和交易撮合应用类(如图1-8所示)。社交网络服务是以现实社会关系为基础,模拟或重建现实社会的人际关系网络。使用社交网络服务,人们可以实现个人数据处理、社会关系管理、信息分享、知识共享,可以利用信任关系扩展自己的社会网络,并达成更有价值的沟通和协作。社交应用类移动电子商务则是在此基础上发展起来的一种基于无线应用的社交网络,称为移动社区服务,它有效地结合了社交网络的特点和移动网络移动化、个性化的特点,能为用户提供跨越PC互联网和手机平台的全新社交体验。情景应用类移动电子商务是指通过情景感知提示来触发、发现与提供对应的业务信息。利用移动通信网络个性化服务的特征进行精准广告推送,是目前较为流行的一种交易撮合应用类移动电子商务。

小提示

也有将移动电子商务分为六大类:①网购类;②二手交易类;③移动支付类;④分享类;⑤团购类;⑥比价、折扣、查询类。

拓展练习

请你进入手机应用市场,找到相对应类别的App应用(每类至少2个),完成下表。

类别	App 名称（图标）
二手交易类	
分享类	
团购类	
比价、折扣类	

活动 2　移动电子商务新模式

1. 移动教育知识付费模式

随着 20 世纪 80 年代大众传媒的日益发达和 90 年代互联网技术的成熟，广播电视教育和网络教育进一步打破了教育对时空的限制。21 世纪以来，移动互联网时代催生了基于手机、平板电脑等个人电子设备的移动教育。纵观教育形式的历史演变进程，在线教育与远程教育已经成为相当成熟的发展方向，人们追求更加随时随地、轻量化、碎片化的教育。

互联网时代信息过剩，知识的生命周期缩短，时间和注意力越发宝贵，高效获取个性化内容的需求日益强烈。现代人的快节奏生活使得用于学习的时间更加碎片化，而高压的生活状态也使人们希望避免学习带来过大压力。相对而言，移动教育更适应碎片化、轻量化的现代教育需求。互联网金融与中国市场的深入结合，使移动支付进入普及时代，为知识付费提供了巨大的便利性。

随着直播互动技术的普及，越来越多的移动教育 App 开始试水直播教育，之前 PC 端的直播教育产品也开始进行移动端的尝试。得益于计算机视觉、语音识别技术的日益成熟，拍照搜题、语音评测等新功能层出不穷。通过大数据与机器学习相结合，移动教育领域同样兴起"个性化教育""自适应学习"等理念，力求为用户提供定制化的服务。

移动教育领域内目前摸索出五种基本产品形态：内容型、工具型、平台型、管理型和社区型（如图 1-9 所示）。其中内容型产品最为传统和主流，也孕育出了目前相对成熟（可盈利）的商业模式：B2C 直播教学；而工具型产品最易爆红，获客迅速但后续盈利转化存在挑战。总体而言，移动教育产品目前普遍面临盈利模式不清晰的窘境。

2. O2O 线上线下融合模式

随着经济快速发展，居民收入水平持续上升，消费结构不断改善，食物等生存型消费占消费总支出的比重持续下降，服务和享受型消费比重不断上升，价格敏感性逐渐降低，商品和服务质量逐渐成为消费者诉求重点。

移动端设备的普及与移动技术的发展推动消费场景多元化，O2O 模式得以渗透居民生活的每个角落，服务范围向更深更广扩散（如图 1-10 所示）。生活服务各细分行业开始向线上线下全面融合发展，越来越重视商品、服务及数据的全渠道流通，以满足消费者更为个性化、舒适化的体验需求，线上线下结合成为未来新商业的特征。

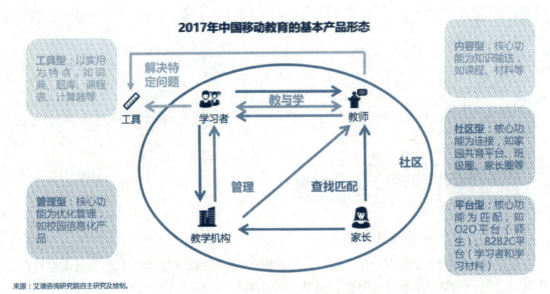

图1-9 中国移动教育的基本产品形态

图1-10 到店O2O、到家O2O模式

> **小知识**
>
> 本地生活O2O,指在同一城市(或地区),为满足居民日常生活需求提供商品或服务的商业模式,必须同时涉及线上线下流程(包括但不限于预订、支付、下单),且商品交易与服务产生的场所必须在本地。本地生活O2O包括餐饮、商超宅配、送洗、家政维修、美容美护、休闲娱乐(包括按摩、洗浴服务等)、婚庆、亲子、教育、电影等细分领域。

3. 移动社交电商模式

移动社交电商符合互联网未来发展的新趋势,通过社交群体的分享互动满足越来越小众化、个性化的用户需求。微信购物和手机 QQ 购物基于微信和手机 QQ 这两个最大的移动社交平台,并且已经成为了这两个社交生态中的重要组成部分,在微信和手机 QQ 内构建了完整的移动社交购物闭环;而且通过微信购物、手机 QQ 购物社交化的多场景、多形态、多玩法,实现了在社交平台上完成整个购物黄金流程,由以往的"去购物"转变为了"在购物"。

移动社交电商通过社交的方式,可以激发碎片化的移动互联网流量,自发地形成网状商业流,从而达到聚合移动流量的目的。移动社交电商的模式还可以促使运营的高效化。以京东与微信、手机 QQ 的合作为例,微信、手机 QQ 除了基础的通讯功能外,还推出各种公众号并开放各种接口,允许第三方软件接入。对于商家而言,这种方式既可以根据自己的需求灵活运用各种工具,以提升用户的购物体验,同时又可以实现自动导购、客服、数据统计分析,进而进行针对性的运营。

近年,各大企业凭借原有的电商基因和品牌积累,纷纷试水移动社交电商 App 的开发和运营,逐渐形成一批代表性平台微商,如拼好货、人人店、微店、有赞等(如图 1-11 所示)。经过几年的积累与发展,平台型微商产品、推广、交易、数据管理等逐渐受到市场认可。

图 1-11 移动社交电商 App

4. 微信小程序衍生出全新电商生态

微信小程序是一种不需要下载安装即可使用的应用,它实现了"让应用触手可及"的梦想,用户扫一扫或者搜一下即可打开应用;也体现了"用完即走"的理念,用户不用担心安装太多应用的问题(如图 1-12 所示)。应用将无处不在,随时可用,但又无需安装和卸载。微信小程序针对线下实体门店提出的轻量型解决方案,涉及商城、餐饮、汽修、房产、酒店等多个行业,旨在重塑线下消费场景,充分挖掘线上流量,打通线上线下渠道,引领线下实体门店实现向新零售的转型。微信小程序正逐渐成为移动电商的新生力量。

图 1-12 微信小程序

小知识

新零售,即企业以互联网为依托,通过运用大数据、人工智能等先进技术手段,对商品的生产、流通与销售过程进行升级改造,进而重塑业态结构与生态圈,并对线上服务、线下体验以及现代物流进行深度融合的零售新模式。

拓展任务 1

你知道有哪些 App 属于 O2O 类型?

拓展任务 2

你知道有哪些 App 属于知识付费类型?它们都有什么特色?

拓展任务 3

尝试搜索并安装几个微信小程序,体验一下,它们和平时使用的 App 有哪些不同?

项目练习

1. 单选题

(1) 移动商务从本质上归属于(　　)的类别。

　　A. 电子商务　　　　B. 通信技术　　　　C. 无线通信　　　　D. 网络技术

(2) 截至 2017 年 6 月,移动网民达到(　　)亿人,移动网民在整体网民中的渗透率已接近 90%。

　　A. 5.94　　　　　B. 6.68　　　　　　C. 7.24　　　　　　D. 9.17

(3) 在微支付系统中,交易的费用是从(　　)扣除的。

　　A. 银行　　　　　B. 手机话费　　　　C. 手机钱包　　　　D. 现金

2. 多选题

(1) 2015 年以来,移动社交化电商逐渐火热起来,下列属于各大互联网公司在移动社交化电商领域布局的有(　　)。

　　A. 支付宝 9.0 版本中加入朋友、生活圈
　　B. 京东和腾讯合作开展"京腾计划"
　　C. 淘宝"双十二"的求打赏、砍价、全民导购等各种活动
　　D. 微信推出拜年红包

(2) 下列属于传统电商转战移动端的企业有(　　)。

　　A. 淘宝　　　　　B. 京东　　　　　　C. 滴滴打车　　　　D. 百度糯米

3. 课后阅读

有了这个App——驾驶员不敢再随便喝水或发短信

在驾车的时候发短信,是一件极其不负责任的事情,具有一定的潜在危险因素。然而,尽管有许多法律法规、警方倡议书和公共宣传服务,还是有很多驾驶员在这样做。加拿大滑铁卢大学的工程研究人员表示他们已经找到了一种解决方法,即开发一种照相功能与人工智能相结合的系统,当用户一边驾车一边发送短信或进行其他会分心的事情时,系统就会控制驾驶。

"分心驾驶是世界范围内造成车祸事故的主要原因之一,尤其是在北美洲。"滑铁卢大学的电气和计算机工程教授Fakhri Karray说道,"在这个项目里,我们研究了一种基于人工智能的驾驶员监测系统。基于最新的人工智能和计算机视觉工具,我们设计了一套具有完整硬件、软件的模型,并进行了制作与测试。当驾驶员有编辑短信、喝水、去够座椅背面或侧面的物件、打电话、调试电台或转动仪表盘上的设备等具有潜在危险的行为时,这套系统会及时警报。"

当智能相机设置检测到方向盘上手的运动轨迹偏离了正常的驾车行为,就会根据其潜在的威胁系数进行分类。除此之外,它还会考虑特定动作的长度和周围车辆的信息——这意味着在繁忙的高速公路上发短信的危险系数就会高于在乡间小道打开空调的行为。系统还可以触发保护措施,从警告驾驶员的分心驾驶行为到暂时控制汽车的行为。

"针对驾驶员行为的识别功能和驱动程序的预测功能,是下一代驾驶预测辅助系统中的一个重要部分。"Karray说道,"这将有助于在三级或四级自动驾驶汽车上进行下一代系统的实施。"

据报道,在世界范围内因分心驾驶造成车祸事故的比例高达75%,那像这样的技术就有一个极大的好处——拯救的不仅仅这些车辆的驾驶员,还有路上的每一个人。但可别认为有了人工智能就能随心所欲了。

移动电商在我们日常生活中的应用比较广泛,同学们还能想到哪些应用呢?请上网查找并记录下来。

项目二 移动电子商务技术

项目目标

通过本项目的学习,应达到以下目标:
◇ 了解主流移动操作系统
◇ 了解常见移动终端设备
◇ 了解二维码基础知识及应用
◇ 了解移动定位技术,能熟练使用导航 App
◇ 了解移动支付的运营模式,能熟练使用常见的移动支付工具
◇ 了解移动电子商务面临的威胁
◇ 了解手机病毒及主要防治措施
◇ 了解移动支付安全的防范措施

任务 1　移动操作系统和移动终端设备

在开展移动电子商务活动之前,要先了解目前常用的移动终端设备有哪些类型,熟悉它们使用的移动操作系统有哪些功能和特点,并且能熟练使用手机的常用功能。目前移动终端设备上使用较多的操作系统有 Android、iOS、Symbian、Windows Phone 和 Blackberry OS,其中在手机和平板电脑上应用较广泛的是 iOS 操作系统和 Android 操作系统。

活动 1　iOS 操作系统

iOS 是由苹果公司开发的移动操作系统。苹果公司最早于 2007 年的 Macworld 大会上推出这个系统,最初是设计给 iPhone 使用的,后来陆续套用到 iPod Touch、iPad 以及 Apple TV 等产品上。

1. iOS 系统的优点

(1) 安全性较高

iOS 是一个完全封闭的系统，不开源，有较严格的管理体系。苹果公司对 iOS 生态采取了封闭的措施，并建立了完整的开发者认证和应用审核机制，因而恶意程序基本上没有登台亮相的机会。iOS 设备使用严格的安全技术和功能，但使用起来十分方便。iOS 设备上的许多安全功能都是默认的，无需对其进行大量的设置，而且某些关键性功能，比如设备加密，是不允许配置的，这样用户就不会意外关闭这项功能。

(2) 稳定性较好

iOS 系统的软件与硬件的整合度相当高，使其分化可能性大大降低，增加了整个系统的稳定性，手机很少出现死机、无响应的情况。

(3) 界面美观、易操作

苹果公司在界面设计上投入了很多精力，无论是外观还是易用性，iOS 都致力于为使用者提供最直观的用户体验。iOS 系统给人的第一感觉就是简洁、美观，并且操作简单，用户上手很快。

(4) 应用数量多、品质高

iOS 系统所拥有的应用程序是所有移动操作系统中最多的，iOS 平台拥有数量庞大的 App 和第三方开发者，几乎每类 App 都有数千款，并且优质应用极多。这是其他移动操作系统所不具备的。

2. iOS 系统的缺点

(1) 封闭性带来的不便

由于 iOS 系统的封闭性，所以无法像 Android 这样的开源系统一样任由用户更改系统的设置，因此系统可玩性就相对弱一些。一些动手能力强的用户可以通过越狱安装一些插件来增加可玩性，不过对于大部分用户来说，越狱还是有一定难度的。

(2) 过度依赖 iTunes

iOS 系统的大部分数据导入导出，都需要通过电脑来配合操作才能完成，例如歌曲以及电影的下载等，可以说离不开电脑和 iTunes 软件的帮助，所以会让很多用户觉得操作起来相对繁琐。

活动 2　Android 操作系统

Android 是一种基于 Linux 的自由及开放源代码的操作系统，主要使用于移动设备，如智能手机和平板电脑，由 Google 公司和开放手机联盟领导及开发。2007 年 11 月，Google 与 84 家硬件制造商、软件开发商及电信营运商组建开放手机联盟共同研发改良 Android 系统。第一部 Android 智能手机发布于 2008 年 10 月。Android 逐渐扩展到平板电脑及其他领域，如电视、数码相机、游戏机等。2011 年第一季度，Android 在全球的市场份额首次跃居全球第一。2013 年第四季度，Android 平台手机的全球市场份额已经达到 78.1%。

1. Android 系统的优点

(1) 开放性

在优势方面,Android 平台首先就是其开放性,开放的平台允许任何移动终端厂商加入到 Android 联盟中来。显著的开放性可以使其拥有更多的开发者,用户和应用也日益丰富。

开放性对于 Android 的发展而言,有利于积累人气,这里的人气包括消费者和厂商,而对于消费者来讲,最大的受益正是丰富的软件资源。开放的平台也会带来更大竞争,如此一来,消费者将可以用更低的价位购得心仪的手机。

(2) 丰富的硬件

由于 Android 的开放性,众多的厂商会推出功能特色各具的多种产品。功能上的差异和特色,却不会影响到数据同步甚至软件的兼容,联系人等资料更是可以方便地转移。

(3) 方便开发

Android 的开放性使得第三方开发商可以自由地开发需要的软件,众多的开源代码库也使得开发变得更加简单方便,软件的功能也是不断地推陈出新,功能不断地增强,使得如今 Android 软件占据着最大的应用市场。

2. Android 系统的缺点

(1) 安全和隐私

由于 Android 的开放性与互联网的紧密联系,也使得用户在上网过程中留下足迹。打开过哪些网页,浏览过哪些信息,同时保存过哪些信息等,这些足迹都已经暴露了出去。因此当用户打开网页时会发现有为用户推荐、猜用户喜好等功能,同时还有一些广告的弹出,用户的信息不能得到保证,这也带来隐私危机。

(2) 过分依赖开发商,缺少标准配置

在 Android 平台中,由于其开放性,软件更多依赖第三方厂商,比如 Android 系统的开发工具包中就没有内置音乐播放器,全部依赖第三方开发,缺少了产品的统一性。

(3) 用户体验不一致

由于 Android 在不同的厂商、不同的配置下均有机型,所以造成有些机型运行 Android 系统流畅,有些则缓慢卡顿等问题。

(4) 版本过多,升级频繁

由于 Android 的开放性,很多厂商都推出了定制的界面,如小米 MIUI、华为 EMUI、三星 Touchwiz 等。这在提供给客户丰富选择的同时,也造成了版本过多、升级较慢,因为 Google 的升级比较频繁,而厂商要推出新固件需要经过深度的研发和测试,还易造成升级滞后的问题。

活动 3　移动终端设备

1. 智能手机

智能手机,是指像个人电脑一样,具有独立的操作系统、独立的运行空间,可以由用户自行安装软件、游戏、导航等第三方服务商提供的程序，并可以通过移动通信网络来实现无线网络接入手机类型的总称（如图2-1）。智能手机的使用范围已经遍布全世界，但不是人人都知晓与使用方法。因为智能手机具有优秀的操作系统、可自由安装各类软件（仅安卓系统）、完全大屏的全触屏式操作感这三大特性，所以完全终结了前几年的键盘式手机。其中Google（谷歌）、苹果、三星、诺基亚、HTC这五大品牌在全世界知名度较高，而国产的小米、华为、魅族、联想、中兴、酷派、一加手机、金立、OPPO等品牌在国内外也备受关注。

图2-1　智能手机

智能手机的诞生，是掌上电脑演变而来的。最早的掌上电脑并不具备手机通话功能，但是随着用户对于掌上电脑个人信息处理方面功能依赖的提升，又不习惯于随时都携带手机和掌上电脑两个设备，所以厂商将掌上电脑的系统移植到了手机中，于是才出现智能手机这个概念。

智能手机具有以下特点：

① 具备无线接入互联网的功能。即支持3G、4G网络，甚至5G网络。

② 具有PDA的功能。包括个人信息管理、日程记事、任务安排、多媒体应用、浏览网页等。

③ 具有开放性的操作系统。拥有独立的核心处理器和内存，可以安装更多的应用程序，使智能手机的功能可以得到无限扩展。

④ 人性化。可以根据个人需要实时扩展机器内置功能，进行软件升级，智能识别软件兼容性，实现与软件市场同步的人性化功能。

⑤ 功能强大。扩展性能强，第三方软件支持多。

⑥ 运行速度快。随着半导体业的发展，核心处理器性能越来越强大，使智能手机运行速度越来越快。

2. 平板电脑

平板电脑也叫便携式电脑（Tablet Personal Computer，简称Tablet PC、Flat PC、Tablet、Slates），是一种小型、方便携带的个人电脑，以触摸屏作为基本的输入设备。它拥有的触摸屏（也称为数位板技术）允许用户通过触控笔或数字笔来进行操作，而不是传统的键盘或鼠标。用户可以通过内建的手写识别、屏幕上的软键盘、语音识别或者一个真正的键盘实现输入。如图2-2所示为平板电脑。

图 2-2 平板电脑

平板电脑由比尔·盖茨提出,支持来自 X86(Intel、AMD)和 ARM 的芯片架构,平板电脑分为 X86 架构(代表产品为 Surface Pro)与 ARM 架构(代表产品为 iPad 和安卓平板电脑)。X86 架构的平板电脑一般采用 Intel 处理器及 Windows 操作系统,具有完整的电脑及平板功能。

2010 年,苹果公司的 iPad 在全世界掀起了平板电脑热。随着平板电脑热度的升温,不同行业的厂商,如 PC、通信、软件等厂商都纷纷加入到平板电脑产业中来。但 2016 年以来,由于大屏幕智能手机的出现以及手机的性能越来越强大,平板电脑的销量有下降的趋势。

就目前的平板电脑来说,最常见的操作系统是 Windows 操作系统、Android 操作系统和 iOS 操作系统。下面就了解一下这三种操作系统。

微软在 Windows 10 中引入了全新的 Universal App 概念,它让许多应用可以在 PC、手机、平板电脑、Xbox One 上运行,而界面则会根据设备类型的不同而自动匹配(如图 2-3)。Windows 10 内置的全新 Continuum 功能允许用户在使用二合一混合设备时,更快速地在连接或移除键盘时切换操作模式。该特性主要用于判断用户的二合一设备使用的是笔记本电脑模式还是平板电脑模式,系统会询问用户是否调整到最适合当前模式的输入方式以便更快速地处理任务。举例来说,当用户正常使用笔记本电脑模式时,系统默认的输入方式便于鼠标和键盘操作,Metro 应用打开默认为窗口化。而当用户从笔记本电脑模式切换到平板电脑模式时,Metro 应用则会自动全屏,以更便于进行触控操作。

图 2-3 Windows 10 系统支持的设备

Android 系统平台由操作系统、用户界面和应用软件组成,号称是首个为移动终端打造的真正开放和完整的移动软件。简单地说,Android 系统实际上是一个非常开放的系统,它不但能实现用户最常用的笔记本电脑的功能,还能够像手机一样实现各种具有特定指向性的操作,而且它是专门针对移动设备而研发的操作系统,在系统资源消耗、人机交互设计上都有着优势,是集各类传统与超前优势于一身的操作系统。

但Android也存在非常明显的缺陷,虽然Google与超过30家技术和无线应用的领军企业进行合作,希望在移动产业内形成一个开放式的生态系统,但不可否认Android现有的软件应用上的资源还存在着严重不足,杀手级应用少之又少,而且对于习惯了传统Windows操作系统的用户来说,从上手到精通会是一个漫长的过程。

iOS作为苹果公司为旗下产品开发的操作系统,随着iPad上市,它也一举被视为最适合平板电脑的操作系统。iOS是将触控操作这一概念真正发扬光大的操作系统,用户在界面上使用多点触控直接操作,控制方法包括滑动、轻触开关及按键等。系统互动包括滑动、轻按、挤压及旋转等。虽然它做得很好,但实际上iOS最被人称道的并不是多点触控,而是它流畅的人机交互以及苹果日渐庞大的资源库。苹果庞大的资源库实际上就是App Store提供的通过审核的第三方应用程序,以及通过Safari浏览器支持的一些第三方应用程序,即Web应用程序。而在应用程序之外,像电子书、音乐、电影电视等各类资源,都已经成了苹果的看家产品,并且已经获得世界范围内的成功。

3. 便携式电脑

便携式计算机,又称笔记本电脑(NoteBook),是一种小型、方便携带的个人电脑(如图2-4)。笔记本电脑的质量通常为1—3 kg。其发展趋势是体积越来越小,质量越来越轻,而功能却越来越强大。笔记本电脑跟PC的主要区别在于其便携性。

图2-4 便携式电脑

超轻超薄是时下笔记本电脑的主要发展方向,但这并没有影响其性能的提高和功能的丰富。同时,其便携性和备用电源使移动办公成为可能。由于这些优势的存在,笔记本电脑越来越受用户推崇。从用途上看,笔记本电脑一般可以分为四类:商务型、时尚型、多媒体应用型、特殊用途型。商务型笔记本电脑的特征一般为移动性强、电池续航时间长;时尚型外观特异,也有适合商务使用的时尚型笔记本电脑;多媒体应用型的笔记本电脑是结合强大的图形及多媒体处理能力又兼有一定移动性的综合体,市面上常见的多媒体笔记本电脑拥有独立的较为先进的显卡、较大的屏幕等特征;特殊用途的笔记本电脑是服务于专业人士,可以在酷暑、严寒、低气压、战争等恶劣环境下使用的机型,多较笨重。从使用的人群看,学生使用笔记本电脑主要用于教育和娱乐;发烧级笔记本爱好者不仅追求高品质的享受,而且对设备接口的齐全性要求很高。

4. 掌上电脑

掌上电脑,又称为PDA(Personal Digital Assistant),PDA是个人数字助手的意思。顾名思义就是辅助个人工作的数字工具,主要提供记事、通讯录、名片交换及行程安排等功能,可以帮助人们实现在移动中工作、学习、娱乐等。按使用来分类,分为工业级PDA和消费品PDA。工业级PDA主要应用在工业领域,常见的有条码扫描器、RFID读写器、POS机等,都可以称作PDA；消费品PDA种类比较多，如智能手机、平板电脑、手持的游戏机等。下面我们重点介绍一下工业级PDA。

工业级PDA如图2-5所示。工业级PDA的特点就是坚固、耐用，可以用在很多环境比较恶劣的地方，同时针对工业使用特点进行很多的优化。例如型号为HT380D的捷宝智能手持终端，配备深度定制的Android 6.0操作系统、高通骁龙主频1.8 GHz处理器、2GB DDR3大内存、4.0英寸高清屏；同时，集合海量实用功能，如条码扫描、定位、摄像头、NFC/RFID、红外等；在网络交互方面，不但支持4G全网通，还支持双卡双待、双频Wi-Fi、蓝牙等方式。具有工业级设计，抗摔、防水、防尘，高容量聚合物电池，极具针对性的安全模块，适应高强度作业需求，这些是消费类手持终端所不具备的。

图2-5 手持式移动数据采集器　　图2-6 条码扫描枪　　图2-7 无线数据采集器

(1) 条码扫描器

条码扫描器，又称为条码阅读器、条码扫描枪、条形码扫描器、条形码扫描枪及条形码阅读器，如图2-6所示。

它是用于读取条码所包含信息的阅读设备，利用光学原理，把条形码的内容解码后通过数据线或者无线的方式传输到电脑或者别的设备。它广泛应用于超市、物流快递、图书馆等扫描商品、单据的条码。

条码扫描器通常也称为条码扫描枪/阅读器，是用于读取条码所包含信息的设备，可分为一维、二维条码扫描器。条码扫描器的结构通常为以下几部分：光源、接收装置、光电转换部件、译码电路、计算机接口。扫描枪的基本工作原理：由光源发出的光线经过光学系统照射到条码符号上面，被反射回来的光经过光学系统成像在光电转换器上，经译码器解释为计算机可以直接接受的数字信号。除按一维、二维条码扫描器分类外，还可分类为CCD、全角度激光和激光手持式条码扫描器。

(2) 射频识别

射频识别，即RFID(Radio Frequency Identification)技术，又称电子标签、无线射频识别，是一种通信技术，可通过无线电信号识别特定目标并读写相关数据，而无需识别系统与特定目标之间建立机械或光学接触，如图2-7所示。RFID读写器也分移动式和固定式。RFID技术应用很广，如图书馆、门禁系统、食品安全溯源等。

(3) 超高频PDA

超高频PDA是用来读取RFID标签的，在读取超高频标签中具有很大的优势。超高频的电子标签在读写距离上有很大的优势。超高频的射频标签简称为微波射频标签，UHF及微波频段的RFID一般采用电磁发射原理。

掌上电脑的核心是操作系统，市场上的掌上电脑主要采用三类操作系统：一类是Palm操作系统，使用Palm OS的掌上电脑在世界市场份额中一度占到65%以上。另一类则是微软Win CE系列，虽然起步晚，但已经打破了Palm OS一统天下的局面，现在逐渐改用Windows Mobile系统。采用Palm OS的产品电池使用时间比采用Win CE的产品长；配置彩色显示屏的产品没有单色显示屏产品的电池使用时间长；在多媒体性能上，Win CE要比Palm OS好一些；而且操作界面与应用性能上，Win CE可以让用户更易上手。另外，在软件的数量上，Palm OS要比Win CE多一些。还有一类是Android系统，它更像是为一台具备无线通信功能的小型移动电脑而设计。当前快递、物流行业应用的手持机，除了需要有电脑的功能外，更需要强有力的移动通信功能将电脑功能延伸到户外的各个角落。从操作系统的应用成熟度以及普及度来看，Android是目前智能手机系统中市场占有率最高，开发支持最多的操作系统。

当然，除以上操作系统外，掌上电脑还有Hopen、Penbex、Pocket PC和Linux操作系统。

拓展任务1

分组上网搜索PDA的相关信息，了解PDA主要应用于哪些行业和应用场景，每组派一个代表进行汇报。

拓展任务2

举例说说你在哪些产品、哪些场合见过条形码、二维码。

任务2 二维码技术

二维码是一种近几年来移动设备上流行的编码方式。随着二维码的广泛应用，这个不起眼的黑白相间的"马赛克"，正悄然改变着我们的生活方式。只要用手机摄像头对着这个小方块"扫"一下，就能够读取更多的数据信息和应用服务。随着4G网络的普及，二维码为用户提供了便捷的浏览网页、下载应用或网上支付等功能的入口。开展移动电子商务活动之前，小明觉得要先了解二维码的基础知识，熟悉二维码技术应用的场景，并掌握二维码的制作方法。

活动1 二维码基础知识

二维码（2-Dimensional Bar Code）是用某种特定的几何图形（如图2-8所示），按一定规律在平面(二维方向上)分布的黑白相间的图形记录数据符号信息;在代码编制上巧妙地利用构成计算机内部逻辑基础的0、1比特流的概念,使用若干与二进制相对应的几何形体来表示文字数值信息,通过图像输入设备或光电扫描设备自动识读以实现信息自动处理;它具有条码技术的一些共性:每种码制有其特定的字符集,每个字符占有一定的宽度,具有一定的校验功能等。同时还具有对不同行的信息自动识别功能并能处理图形旋转变化的特点。

图2-8　条形码和二维码

二维码具有储存量大、保密性高、追踪性高、抗损性强、备援性大、成本便宜等特性,特别适用于表单、安全保密、追踪、证照、存货盘点、资料备援等方面。

活动2　二维码的应用

早在2006年,国内就开始二维码的商业应用,但由于当时智能手机并不普及,二维码产业并没有真正形成。2012年成为了中国的二维码元年,据统计,目前全国每月扫码量超过1.6亿次。

发展如此迅速的二维码,究竟可以应用在哪些方面呢?二维码的应用,可以分为主读和被读两种情况。被读类应用是以手机等存储二维码作为电子交易或支付的凭证,可用于电子商务、消费打折等。主读类应用是以安装识读二维码软件的手持工具(包括手机),识读各种载体上的二维码,可用于二维码会员、二维码签到、二维码门禁、二维码邀请函、二维码电子票务、二维码溯源等领域。

1. 网上购物,一扫即得

图2-9　一号店在地铁站的二维码商品墙

国内的二维码购物最早起源于一号店。目前国内一些大城市的地铁通道里,已经有二维码商品墙(如图2-9所示),消费者可以边等地铁边逛超市,看中哪个扫描哪个,然后通过手机支付,直接下单。如果是宅在家,家里的米、面、油、沐浴露用完了,只要拿起包装,对着商品的二维码一扫,马上可以查到哪里在促销、价格是多少,一目了然。而且,通过二维码购物,产品的二维码直接标示了产品的身份证,扫描后调出的产品真实有效,保障了购物安全。二维码加上O2O

（线上到线下），实体店就变成了网购体验店。

2. 消费打折，有码为证

凭二维码可享受消费打折，是目前业内应用广泛的方式。比如，商家通过短信方式将电子优惠券、电子票发送到顾客手机上，顾客进行消费时，只要向商家展示手机上的二维码优惠券，并通过商家的识读终端扫码、验证，就可以得到优惠。例如，海南蕉农在香蕉滞销时，与淘宝合作进行网上团购促销，网友在网上预订，网下凭手机二维码提货，成功化解香蕉危机。在成都的钟表文化节中，依波表举办了限时扫码活动，在规定的时间内在现场扫描二维码，顾客就能以折扣价买走手表。腾讯也推出了微信会员卡，会员只需用手机扫描商家的二维码，就能获得一张存储于微信中的电子会员卡，享受折扣服务。

3. 二维码付款，简单便捷

支付宝和微信都已推出了二维码收款业务，所有用户均可免费领取"向我付款"的二维码（如图2-10所示），消费者只需打开手机客户端的扫码功能，拍下二维码，即可跳转至付款页面，付款成功后，收款人会收到短信及客户端通知。例如，乘坐出租车的时候，打车到目的地后，顾客拿出手机，对车内的二维码车贴扫描，手机自动跳转到支付页面，然后按照计价器上的车费输入金额，整个付款过程只要几十秒。在星巴克，可以把预付卡和手机绑定，通过扫二维码可以快捷支付，不用再排长队付款。

图2-10 二维码付款

4. 资讯阅读，实现延伸

过去限于媒体介质的特性，报纸、电视以及其他媒体上的内容，是相对静态的，无法延伸阅读。二维码出现以后，颠覆了这种界限，实现了跨媒体阅读。例如，在报纸上某则新闻旁边放一个二维码，读者扫描后可以阅读新闻的更多信息，如采访录音、视频录像、图片动漫等。例如《骑车游北京》一书便设置了二维码，通过手机扫描即可快速登录书中所述网址，可以实现图书、手机上网的实时互动。另外，户外广告、单页广告都可以加印二维码，感兴趣的客户只要用手机一扫，即可快速了解更详细内容，甚至与广告主互动。

5. 二维码管理生产，质量监控有保障

条码在产品制造过程中应用已非常普遍。二维码因为可以存储更多信息，因此，在产品制造过程应用更为深入。比如，在汽车制造中，DPM二维码（直接零部件标刻二维码，可用针式打标机、激光打标机、喷码机或化学蚀刻）技术现已在美国汽车行业得到广泛应用（如图2-11所示），美国汽车制造业协会还专门制订了相关标准，从发动机的缸体、钢盖、曲轴、连杆、凸轮轴到变速箱的阀体、阀座、阀盖，再到离合器的关键零部件及电子点火器和安全气囊均有涉及，从而使得生产加工质量得以全程跟踪。

图2-11 金属零部件上的DPM二维码

6. 食品采用二维码溯源，吃得放心

将食品的生产和物流信息加载在二维码里，可实现对食品追踪溯源，消费者只需用手机一扫，就能查询食品从生产到销售的所有流程。在青岛，肉类蔬菜二维码追溯体系已投入使用，市民用手机扫描肉菜的二维码标签，即可显示肉菜的流通过程和食品安全信息。在武汉，某仓储的蔬菜包装上，除了单价、总量、总价等信息外，还有二维码（如图2-12所示），扫描后可以追溯蔬菜生产、流通环节的各种信息，例如施了几次肥、打了几次农药、何时采摘、怎么运输等（如图2-13所示）。

图2-12　食品包装二维码

图2-13　食品生产追溯信息

7. 二维码电子票务，实现验票调控一体化

景点门票、展会门票、演出门票、火车票、飞机票、电影票等通过二维码都能实现完全的电子化（如图2-14所示）。用户通过网络购票，完成网上支付，手机即可以收到二维码电子票，用户可以自行打印或保存在手机上作为入场凭证，验票者只需通过设备识读二维码，即可快速验票，大大降低票务耗材和人工成本。在苏州拙政园、虎丘景区，由税务部门统一监制的二维码电子门票，一票一码，用后作废。而且，景点当天出售的所有门票都要先激活，即只有从售票处售出的门票才能通关入园。并且激活是有时效的，这样也有利于控制人数，避免黄金周出现景区拥堵。

图2-14　二维码电子票务

8. 二维码助力交通管理，强化监控

二维码在交通管理中可应用在管理车辆本身的信息、行车证、驾驶证、年审保险、电子监控等。比如，采用印有二维码的行车证，将有关车辆的基本信息包括车驾号、发动机号、车型、颜色等转化保存在二维码中，交警在查车时，就不需要再呼叫总台协助了，直接扫描车辆的二维码即可（如图 2-15 所示）。以二维码为基本信息载体，还可以建立全国性的车辆监控网络。

图 2-15 电子驾驶证

9. 证照应用二维码，有利于防伪防盗版

传统纸质名片携带、存储都非常不方便，而在名片上加印二维码，客户拿到名片以后，用手机直接一扫描，便可将名片上的姓名、联系方式、电子邮件、公司地址等存入到手机中，并且还可以直接调用手机功能，拨打电话，发送电子邮件。

10. 会议签到二维码，简单高效成本低

目前，很多大型会议由于来宾众多，签到非常繁琐，花费很多时间。如果采用二维码签到，主办方向参会人员发送二维码电子邀请票、邀请函，来宾签到时，只需扫描验证通过即可完成会议签到。整个签到过程无纸化、高效便捷、省时省力，而且省去了过去传统的签名、填表、会后再整理信息的麻烦，可大大提高签到的速度和效率。

11. 执法部门采用二维码，有利于快速反应

广州番禺区的管理部门启用了"出租屋智能手机巡查系统"，出租屋管理员在上门巡查时，用智能手机读取门牌上的二维码（如图 2-16 所示），即可及时、准确获取该户址的相关信息。同样的，如果在商品、检验物品上附上二维码，政府执法部门人员则可以通过专用移动执法终端进行各类执法检查，及时记录物品、企业的违法行为，并且可以保证数据传输的高度安全性和保密性，有利于政府主管部门提高监管，规范市场秩序，提高执法效率，增强执法部门快速反应能力。

图 2-16 二维码门牌

12. 二维码点餐，个性化服务到家

如果你是一个餐饮店的老顾客，在二维码时代，你将能享受更加个性化的服务。比如，你到达一家餐饮店，用餐饮店的设备扫描一下手机上的二维码，立即就可顺利地点下自己"最爱"菜品，还可以获得今日优惠信息。如果有 VIP 折扣券、代金券等，系统可以自动为你计算应付

金额。或者,你用手机扫描菜谱上的二维码,即可随时把点菜单传递到服务台或厨房,不需要服务员现场点单。用餐完毕,可以直接通过手机付款,并且对菜品和服务进行评价,全程不需要餐饮店工作人员参与。

13. 公交二维码,成为城市的移动地图

2010年,杭州公交和杭州移动联合推出公共出行二维码查询系统。这是二维码技术在公交领域的首次应用,该系统在全市公交车站、公共自行车站布设二维码,市民扫描二维码即可看到一张所在区域的地图,随时获取周边景点、餐饮、娱乐、道路、公交信息和换乘信息,甚至可以马上查询到乘坐的公交车离站点还有多远,或者还有几分钟可到终点站。因此,有了它,就像随身带了张城市地图,吃喝玩乐了然于心。

14. 招聘二维码,求职者可用手机来应聘

在银川市举办的2012年冬季人才招聘会上,"二维码企业墙"吸引了众多求职者,使用手机上的"宁夏12580求职通"客户端扫描二维码,会自动连接移动Wi-Fi网络,求职者就能通过手机方便快捷地详细了解用工单位、岗位信息,并经由客户端投递简历。这些内容都是储存在求职通平台上,求职者刷二维码的过程实际上是利用手机调取平台上的信息,简单高效,当场就可以完成查询、应聘。

15. 二维码进医院,挂号、导诊、就医一条龙

图2-17 二维码挂号

对于患者而言,最烦心的莫过于排队挂号。采用二维码,患者可以通过手机终端预约挂号(如图2-17所示),凭二维码在预约时间前往医院直接取号,减少了排队挂号、候诊时间。二维码服务不仅解决了挂号的问题,而且二维码结合到看病、支付等环节后,可以实现看病、付款、取药一条龙服务,不再让患者重复排队。另外,还能对医风医德进行评价,医患双方就能够加强沟通了解。目前,很多城市的大医院都已经采用了条码,相比以前,医疗信息化水平大大提高,医院运转的效率也大大提高了。

16. 二维码墓碑,无限怀念到永恒

图2-18 二维码墓碑

最近,英国一家葬礼公司推出了二维码墓碑,在逝者的墓碑上增加一个二维码(如图2-18所示),参与祭奠的亲友用手机拍下这个二维码,就能链接到逝者在网站上的个人主页,看到他的音容笑貌、活动剪影、朋友的怀念等,亲人还可以对逝者的个人网页进行更新。怀念不再受制时间、空间限制,可谓无限怀念到永远了。

小知识

条形码：
1. 范围小，只能在一个方向（水平方向）表达信息。
2. 无纠错能力，当条形码遭到破坏时，条形码无法读取。
3. 信息量少，只能储存字母和数字，30个字符左右容量。

二维码：
1. 范围广，可在水平和垂直方向表达信息。
2. 信息量大，可储存汉字、数字和图片等信息，数据含量1 850个字符。
3. 有纠错能力，当二维码破损时，错误纠正能使信息仍然可被正确解读。

拓展任务1

分组讨论下列问题，每组派一个代表进行汇报。

1. 除了教材中提到的二维码应用案例，你在生活中还遇到过哪些二维码应用的场景？你还能想到将来哪些场景也可以应用二维码？
2. 在日常生活中如何避免二维码诈骗、二维码手机病毒？

拓展任务2

请你上网查找生成二维码的工具（例如 https://cli.im/ 或 http://www.liantu.com/），设计制作如下的二维码。制作完成后，发送给同学扫一扫。

文本功能的二维码；名片功能的二维码；网址的二维码；短信功能的二维码；Wi-Fi功能的二维码；电话功能的二维码；邮箱功能的二维码；地图功能的二维码；带Logo的二维码。

任务3 移动定位技术

近年来有越来越多的电商平台移动端运用了移动定位技术，该技术的广泛应用使得商家在线上线下的销售、服务渠道可以更好地融合，也使消费者可以享受到更方便快捷的服务。开展移动电子商务活动之前，小明需要先了解目前常用的移动定位技术，熟练使用常见的手机导航工具。

# 任务实施

活动 1　基于位置的服务

移动电子商务的主要应用领域之一就是基于位置的服务 LBS（Location Based Services），手机位置服务又称手机定位服务，是指通过移动终端和移动网络的配合，确定移动用户的实际地理位置，提供位置数据给移动用户本人或他人以及通信系统，实现各种与位置相关的业务。

手机定位服务是在无线状态下基于通信位置的定位服务。开通这项服务，手机用户可以方便地获知自己目前所处的准确位置，并用手机查询或收取附近各种场所的资讯。手机定位服务的巨大优势在于能在正确的时间、正确的地点把正确的信息发送给正确的人。同时它还可以对手机用户进行定位，并对手机用户的位置进行实时监测和跟踪，使所有被控对象都显示在监控中心的电子地图上，一目了然。因此，手机定位服务在无线移动的领域内具有广泛的应用前景。

LBS 可以作为信息过滤技术，极大提高信息的精准度，但前提是信息本身和地理位置的紧密结合，位置是重要的元数据之一。以大众点评网为例（如图 2-19 所示），可以归结出以下几点：

图 2-19　使用大众点评 App 搜索、预订、评价附近的餐饮商家

① 选择商户。一方面需要收集大量的商户信息，如产品的影响力足够大，商户会主动提交；另一方面需要吸引用户评价商户，如餐厅的平均得分、平均消费和评价。这些信息在手机上难以完成，需要在互联网上的长期积累。

② 查找并选择合理路线。如结合百度地图和高德导航的线路查询，可根据起点和终点查询出行路线并选择合适的出行方式。

③ 地图导航。初级的可在地图中查看出行方向是否正确,高级的可以结合GPS直接全方位导航。

④ 到达目的地,选择服务。如用户签到和根据其他用户的推荐来点菜。

⑤ 评价商户。享受服务之后用户再产生信息。

这些也都只是LBS的基本功能应用,在LBS的支持下,细分市场的发展也非常迅速。LBS在壮大自身的同时,和主流的社交网络、即时通信、搜索引擎,甚至电子商务都开始出现结合的契机。

活动2 移动导航工具

1. 百度地图

百度地图是百度公司提供的一项网络地图搜索服务,覆盖了国内近400个城市、数千个区县。在百度地图里,用户可以查询街道、商场、楼盘的地理位置,也可以找到离用户最近的餐馆、学校、银行、公园,等等。

百度地图提供了丰富的公交换乘、驾车导航的查询功能,为用户提供最适合的路线规划。不仅知道要找的地点在哪,还可以知道如何前往。同时,百度地图还为用户提供了完备的地图功能,便于更好地使用地图,便捷地找到所求。

(1) 地点搜索

百度地图提供了普通搜索、周边搜索和视野内搜索三种方法,可以迅速准确地找到所需要的地点。百度地图提供地点搜索功能,方便搜索目的地。在搜索框输入或者说出要查询地点的名称或地址,点击搜索,即可得到想要的结果(如图2-20所示)。除了提供到达目的地的各种交通方案外,还可以看到目的地景点的介绍和全景视频(如图2-21所示),更全面、直观地了解目的地。

图2-20 百度地图搜索目的地

图2-21 百度地图查看目的地信息

(2) 周边搜索

附近哪儿有取款机、电影院等？百度地图提供周边服务搜索，查找周边，一网打尽。在屏幕下方点击"发现周边服务"或者"搜周边"，选择想要查找的内容即可看到结果。还可以在地图上选择"在此点附近找"快速地发起搜索。

图2-23 百度地图周边搜索功能

(3) 公交搜索

百度地图提供了公交方案查询、公交线路查询和地铁专题图三种途径，满足生活中的公交出行需求。

① 公交方案查询：百度地图提供公交方案查询，只需直接输入"从哪到哪"，或者选择公交，便可查询公交方案，它用不同颜色标明方案具体的路线（如图2-23所示）。

② 公交线路查询：百度地图提供公交线路查询，直接输入公交线路的名称，便能看到对应的公交线路。提供查询所有途径的车站、运营时间和票价等信息。

③ 地铁专题：百度地图还专为喜欢乘坐地铁的朋友提供了一个便捷的地铁专题页。

(4) 驾车搜索

百度地图提供驾车方案查询（包含跨城市驾车），还能添加途径点。

① 驾车方案查询：百度地图可以提供驾车方案查询，在搜索框中直接输入"从哪到哪"，或者选择驾车，并在输入框中输入起点和终点发起查询。百度地图将精确计算出驾车方案，并有"最少时间""最短路程"和"少走高速"三种策略。

② 跨城市驾车查询：百度地图支持全国各城市间的驾

图2-23 公交方案查询功能图

车查询。还可提供多个不同路线的驾车方案供用户选择(如图2-24所示)。

③ 添加途经点:百度地图提供添加途经点功能,以方便快速地调整驾车路线,满足个性化需求。

④ 用车服务:百度地图还能提供呼叫出租车、快车、专车、接送机等用车服务。用户只需查询线路,即可看到预估的里程、用时、费用等信息,并可即时或者预约各种用车服务(如图2-25所示)。

图2-24 自驾车导航

图2-25 百度地图用车服务

(5) 步行、骑行导航功能

百度地图增加了对步行和骑行服务的导航,对于步行出行很重要的天桥、地下通道、人行道、广场、公园、阶梯等设施,能更智能、更准确地给出导航路线(如图2-26所示),且不断优化步行、骑行导航线路,做到照顾细微、精益求精。

(6) 交通流量查询

百度地图提供城市交通流量查询功能,一览全城路况(如图2-27所示),帮助出行者合理

图2-26 百度地图步行导航

图2-27 交通实时路况

规划出行线路。同时,百度地图还可进入流量预测模式,查看路况预报,提前为出行做好准备。外出最怕的就是堵车,纸质地图无法查询交通流量,收听城市交通电台也不是很方便,百度地图可以查询实时交通流量,每隔几分钟自动更新一次。同时还可预测某时间段的交通流量,规划合理的出行方案。

2. 高德地图

高德公司是中国领先的数字地图、导航和互联网企业中的地图数据服务提供商,地图服务商中的互联网企业。公司于2002年成立,2010年登陆美国纳斯达克全球精品市场。2014年2月,阿里巴巴集团对高德公司股票进行现金收购,总交易额约11亿美元。交易完成后,高德成为阿里巴巴100%子公司,并融合进阿里生态体系基础上发展。

高德地图的导航功能和百度地图相似(如图2-28所示),可以输入目的地后提供叫车、驾车、公交、骑行、步行等导航方案,长途跨城市还可以提供火车、客车的交通方案。

图2-28 高德地图导航基本功能

高德地图还积极与交通管理部门进行大数据共享和融合,在交通大数据领域,高德地图先后推出了交通信息公共服务平台、交警平台,依托交通大数据云,为相关交通机构提供"城市堵点排行""热点商圈路况""权威交通事件""堵点异常监测"等交通信息分析,不仅提高了公众的出行效率,还辅助了政府出台管理政策,制定更合理的改善措施,助力城市治堵缓堵。

(1) 积水地图

在全国多个降雨天气频繁的城市,高德地图全国首创开发"积水地图"(如图2-29所示)。联合多地交警部门联合发布城市"积水地图"确保汛期交通安全,积水地图除平日可查询之外,若遇到暴雨天气,高德地图会及时推送信息提醒用户,绕行积水点。"积水地图"数据来源为各地交警提供的权威数据。同时,高德地图用户也可以自行上传身边的积水点信息,通过官方审核即可上线。此外,高德地图还联合多地交警发起"找出身边积水点"有奖活动,确保数据发布全面,为市民出行提供参考。2016年6月,由高德地图首创开发的积水地图分别于北京、上海、广州、深圳、武汉、宁波、郑州、南京、杭州等多地交警联合上线。

图2-29 高德地图的积水地图、雾霾地图

(2) 三维实景导航

2015年12月份,高德地图正式上线了三维实景导航功能,通过建立三维实景数据模型,在导航产品中模拟真实的道路场景和驾驶路线,使驾驶者身临其境,获得更加清晰的导航指引。高德地图先后在北京、上海、广州、深圳、厦门、杭州、成都等多个城市上线三维实景导航,相比过去的平面地图导航,三维导航能够在复杂路口和立交桥区给予驾驶员非常清晰的三维场景还原,更准确地描绘指引行驶的路线(如图2-30所示)。

图2-30 三维实景导航

(3) 实景路况图

高德地图与广州、江门等城市交警部门联合上线交通实景图功能,用户能查看到交警提供的交通实景图片(如图2-31所示),从而更加清晰地了解实时交通信息,如道路拥堵、交通事故、道路施工等路面情况。

图2-31 实景路况图

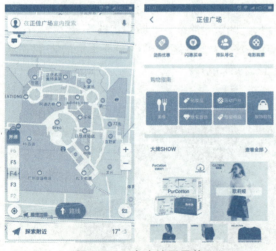

图2-32 室内地图导航

(4) 室内地图

高德还有一个室内导航功能,特别是大型商场,高德地图能精准显示出该建筑内的室内地图(如图2-32所示),为用户提供相应的室内定位以及室内路线规划等服务。高德地图的室内地图可以提供品类导览和楼层导览功能。其中在品类导览功能中,高德室内地图可以按照各种类型的商铺进行分类,这样一来,用户就能够快速找到目标商铺。而在楼层导览功能中,高德室内地图可以按照楼层维度展示各楼层的商铺与餐厅,目的就是让用户可以总览商场各楼层的大致方位,同样可以节约不必要的时间花费。

从功能上看,百度地图和高德地图都能提供完善基本导航和定位功能,两家地图也在用户体验度上都下了不少功夫。例如高德地图的雾霾地图、积水地图,百度地图推出骑行导航、热力图、全景图、具有生活服务特点的功能。

生活服务上,高德地图更多是引流去第三方,提供相应的服务;而百度地图除了提供第三方的服务,还提供百度糯米、百度外卖、顺风车等百度自己的生活服务。

辅助功能上,高德地图更多是位置服务、出行信息;百度地图更贴近生活,提供方便出行的信息。

拓展任务 1

你用过的哪些手机 App 具有 LBS 功能?使用体验如何?

拓展任务 2

上网搜索相关资料并讨论,你认为百度地图、高德地图这一类免费 App 靠什么盈利?

拓展任务 3

你在使用导航 App 的时候,觉得有哪些功能让你觉得很方便、很好用?在使用过程中遇到过哪些问题?

任务 4　移动支付

小明发现,现在身边有越来越多的人出门都不用带现金或者银行卡了,只要有一部手机,就可以乘坐各种交通工具、购物、餐饮、娱乐。可见,人们的生活消费习惯正在悄悄发生着改变。因此他觉得在开展移动电子商务活动之前,要先了解目前常用的移动支付方式有哪些类型,并且熟悉它们的使用方法。

活动 1　移动支付的运营模式

目前移动支付的运作模式主要有以下三类:以移动运营商为运营主体的移动支付业务、以银行为运营主体的移动支付业务和以独立的第三方为运营主体的移动支付业务。

1. 移动运营商为运营主体

当移动运营商作为移动支付平台的运营主体时,移动运营商会以用户手机话费账户或专门的小额账户作为移动支付账户,用户所发生的移动支付交易费用全部从用户话费账户或小额账户中扣减。以运营商为主体的运营模式具备以下特点:直接和用户发生交易关系,技术实现简便;发生大额交易可能与国家金融政策相抵触,运营商需承担部分金融机构的责任。

中国移动的移动支付类业务分为远程及近场两个模块。其中,远程模块类似于支付宝、微信支付等第三方支付产品,主要应用于线上远程支付交易;近场模块即为和包 NFC 业务,通过将各种电子卡片应用(如银行卡、公交卡、校园企业一卡通、会员卡等)加载到 NFC-SIM 卡中,为用户提供一种安全、便捷、一卡多用的服务,用户可持装载 NFC-SIM 卡的 NFC 终端以非接触的方式在电子卡应用所对应的受理终端上使用。

NFC(Near Field Communication)即近场通信,是一种短距高频的非接触式识别和传输技术。和蓝牙相比,NFC 技术操作简单,配对快速;和 RFID 技术相比,NFC 技术适用范围广泛,可读可写,能直接集成在手机中;和红外线相比,NFC 技术数据传输较快、安全性高、能耗低(可以无电读取);和二维码相比,NFC 技术识别快速,信息类型多样。性能优越的 NFC 技术,可适用于很多场景,如移动支付、公交卡、门禁卡、车票、门票等。用户可直接通过带有 NFC 功能的手机购物、签到、乘公交或刷门票等,即使手机没电了,仍然可以当作交通卡使用(如图 2-33 所示)。

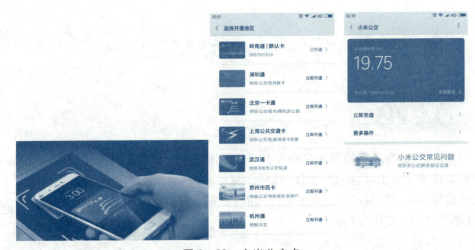

图 2-33 小米公交卡

和包,是中国移动推出的一项综合性移动支付服务,方便用户线上、线下支付。安全和快捷是它的优势。此外,话费充值、电子券、互联网理财等"明星"应用,深受和包用户的欢迎。对用户来说,和包具有多卡合一功能强、可视操作易管理、符合金融安全标准、办理使用方便快捷等优势;对合作伙伴而言,和包能提高用户黏性,提高用户转化率,提升服务效率,降低运营服务成本。据悉,支持中国移动和包 NFC 业务的手机已经十分丰富,三星、索尼、HTC、华为等国内外主流品牌的主力机型都内置了 NFC 模块。

根据媒体 2016 年 4 月的消息,中国银联与小米公司宣布,基于小米手机联合设计推出 NFC 移动支付。其实早在此前,中国银联与小米手机已经基于银联"云闪付"(如图 2-34 所示)开展了一系列合作,目前小米旗下米 3、米 5、米 6 等多款手机均可以使用银联"云闪付" HCE。小米公司董事长雷军表示,基于 NFC 技术的移动支付产品是最安全、便捷支付的选择

图 2-34 银联闪付

之一,也是未来手机发展的重要方向之一。

总的来说,NFC 技术有其独有的安全优势,随着 NFC 手机的增加,正在逐渐地向其他电子设备延伸,配合移动设备的使用能快速建立人与物的联系,方便人们的生活。Apple Pay 的到来,给 NFC 移动支付领域打了一剂强心针,将有效地促进 NFC 技术在移动支付领域的发展。但是如今 NFC 技术的应用范围较小,人们的认知率和使用率都比较低,真正普及尚需时日,因此需要产业内各行各业共同努力来推动 NFC 的发展。

2. 银行为运营主体

手机银行运营模式通过专线与移动通信网络实现互联,将银行账户与手机账户绑定,用户通过银行卡账户进行移动支付。该运营模式的特点是移动支付业务不能够实现跨行互联互通。各银行只能为自己的用户提供服务。作为一种新型的银行服务渠道,手机银行不仅具有网上银行全网互联和高速数据交换等优势,更具有移动通信随时随地、贴身、快捷、方便、时尚的特性。手机银行是网上银行、电话银行之后又一种方便银行用户的金融业务服务方式,它延长了银行的服务时间,扩大了银行的服务范围,也无形中增加了银行业务网点,真正实现了 7×24 小时全天候服务,大大拓展了银行的中间业务范围。金融研究机构银率网发布的手机银行研究报告显示,随着移动互联网和智能手机的日益普及,手机银行在银行电子化的进程中扮演着越来越重要的角色,支付服务创新将成为手机银行的竞争焦点。

手机银行的业务主要涵盖三大模块:基础业务、生活服务和支付功能。如图 2-35 所示为中国建设银行手机银行及其主要功能。

(1) 以银行为主导的手机银行模式

手机银行是商业银行利用移动互联网提供的一种新型金融服务;通过将手机号码与银行账户进行绑定,客户可以通过使用手机来获得各种银行服务,即银行将柜台上非现金交易和不涉及实物单证的业务从传统互联网向移动,联网终端(即手机)延伸。从银行角度看,移动运营商应该是商业银行开办手机银行业务的重要通道,负责提供相应

图 2-35 中国建设银行手机银行

的技术支持和信息服务。客户通过运营商提供的通道能够接触到各种类型的银行服务。

(2) 以移动运营商为主导的手机银行模式

从移动运营商的角度看,凭借移动通信技术、市场网络和客户信息资源等方面的优势,移动运营商足以开展相应的手机银行业务,特别是在移动支付方面,商业银行可以成为其开展移动支付业务在金融方面的资金结算后台。这种模式由移动运营商或第三方服务商设立手机钱包,客户首先通过自助设备等渠道将资金充值到手机钱包账户,然后从该手机钱包账户进行支付。

3. 第三方为运营主体

移动支付服务提供商是独立于银行和移动运营商的第三方经济实体,同时也是连接移动运营商、银行和商家的纽带和桥梁。通过第三方交易平台,用户可以轻松实现跨银行的移动支付服务。

活动 2　常用移动支付工具

移动支付也称为手机支付,就是允许用户使用其移动终端(通常是手机)对所消费的商品或服务进行账务支付的一种服务方式。进一步来说,移动支付即单位或个人通过移动设备、互联网或者近距离传感直接或间接向银行金融机构发送支付指令产生货币支付与资金转移行为,从而实现移动支付功能。目前,常用的移动支付工具如图 2-36 所示。

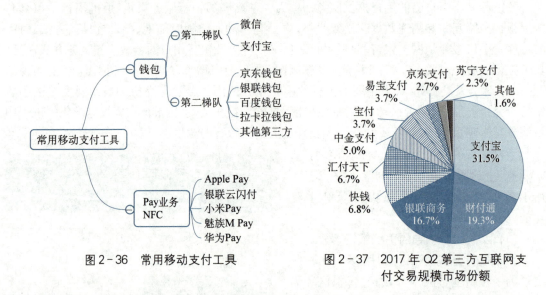

图 2-36　常用移动支付工具　　图 2-37　2017 年 Q2 第三方互联网支付交易规模市场份额

通过对 2017 年第二季度中国移动支付用户使用手机支付方式的调查显示,第三方移动支付用户选择使用的支付产品使用率最高的是支付宝,其次是财付通、微信支付(如图 2-37 所示)。

1. 支付宝

提起移动支付就不得不提支付宝。支付宝对国内移动支付的推动可谓居功至伟。作为一个从淘宝分拆出来的担保交易中间商,原本只是想解决淘宝买家和卖家互相之间不信任的问题,最终却发展成移动支付领域的巨头。

2016年1月,蚂蚁金服对外发布2015年支付宝年账单。账单显示,2015年互联网经济继续保持高速增长。按省级行政区划分来看,上海人均支付金额排名全国首位,达到104 155元,这标志着网上人均支付开始迈入"10万时代"。从移动支付笔数占比来看,排前五位的地区分别是西藏自治区、贵州省、甘肃省、陕西省和青海省,其移动支付占比高达83.3%、79.7%、79.4%、78.8%和78.7%。统计还显示,2015年移动支付笔数占整体比例高达65%,而2014年这个数字是49.3%。

支付宝提供的服务主要包括以下几个方面(如图2-38所示):

图2-38 支付宝主要功能及服务

(1) 支付宝钱包

支付宝也可以在智能手机上使用,该手机客户端为支付宝钱包。支付宝钱包具备了电脑版支付宝的功能,也因为手机的特性,内含更多创新服务,如"当面付""二维码支付"等。用户还可以通过添加"服务"来让支付宝钱包成为自己的个性化手机应用。

(2) 信用卡还款

2009年1月支付宝推出信用卡还款服务,支持国内39家银行发行的信用卡。2014年第一季度数据显示,76%的信用卡还款是用支付宝钱包完成的。

(3) 转账

通过支付宝转账分为两种:转账到支付宝账号——资金瞬间到达对方支付宝账户;转账到银行卡——用户可以转账到自己或他人的银行卡,支持百余家银行,最快2小时到账。

(4) 生活缴费

2008年底开始,支付宝推出公共事务缴费服务,已经覆盖了全国300多个城市,支持1 200多个合作机构。除了水电煤气等基础生活缴费外,其还扩展到交通罚款、物业费、有线电视费等更多与普通人生活息息相关的缴费领域。

(5) 服务窗

在支付宝钱包的"服务"中添加相关服务账号,就能在钱包内获得更多服务,包括银行服务、缴费服务、保险理财、手机通信服务、交通旅行、零售百货、医疗健康、休闲娱乐、美食吃喝等十余个类目。

(6) 快捷支付

快捷支付是为网络支付量身定做的网银服务,主推支付功能。用户可以通过在银行留下的联系方式、银行卡号、手机校验码等信息快速开通快捷支付服务。付款时输入支付宝支付密码。其便捷性更强,支付宝与保险公司承诺用户资金安全。

(7) 余额宝

余额宝对接的是天弘基金旗下的增利宝货币基金,特点是操作简便、低门槛、零手续费、可随取随用。除理财功能外,余额宝还可直接用于购物、转账、缴费还款等消费支付,是移动互联网时代的现金管理工具。

(8) 花呗

蚂蚁花呗是蚂蚁金服推出的一款消费信贷产品,申请开通后,将获得500—50 000元不等的消费额度。用户在消费时,可以预支蚂蚁花呗的额度,享受"先消费,后付款"的购物体验。用户在消费时,可以预支蚂蚁花呗的额度,在确认收货后的下个月9日进行还款,免息期最长可达41天。除了"这月买,下月还,超长免息"的消费体验,蚂蚁花呗还推出了花呗分期的功能,消费者可以分3、6、9、12个月进行还款。

图2-39 微信钱包主要功能及服务

2. 微信支付

微信支付是集成在微信客户端的支付功能,用户可以通过手机完成快速的支付流程。微信支付以绑定银行卡的快捷支付为基础,向用户提供安全、快捷、高效的支付服务。用户只需在微信中绑定一张银行卡,并完成身份认证,即可将装有微信的智能手机变成一个全能钱包,之后可购买合作商户的商品及服务,用户在支付时只需在自己的智能手机上输入密码,无须任何刷卡步骤即可完成支付,整个过程简便流畅。目前微信支付已实现刷卡支付、扫码支付、公众号支付、App支付,并提供企业红包、代金券、立减优惠等营销新工具,满足用户及商户的不同支付场景(如图2-39所示)。

提起微信支付,就不得不提一下微信红包。微信红包是腾讯旗下产品微信于2014年1月推出的一款应用,功能上可以实现发红包、查看收发记录和提现。微信红包与2015年春节联欢晚会的互动,让其成为了年夜饭的主菜单,微信红包功能甚至改变了年轻人看春晚的习惯。相信大家对于微信红包功能已经非常熟悉。

拓展任务1

你了解到目前都有哪些移动支付的方式，它们的优缺点分别有哪些？分组讨论并上网搜索相关资料，每组派一个代表汇报。（提示：短信支付、扫码支付、指纹支付、声波支付、摇一摇转账、闪付、刷脸支付……）

拓展任务2

如果你还没有尝试过移动支付，请你开通至少一种移动支付的功能，并尝试用移动支付购物、消费或搭乘公共交通。

拓展任务3

如果你还没有尝试过使用手机银行，请你下载并申请开通手机银行，了解常用的功能。

任务5 移动电子商务安全管理

尽管移动电子商务给工作效率的提高带来了诸多便利，如减少了服务时间、降低了成本和增加了收入等，但安全问题仍是移动电子商务推广应用的瓶颈，有线网络安全的技术手段不完全适用于无线设备。在开展移动电子商务活动之前，需要先了解移动电子商务面临的安全威胁有哪些。

活动1 移动电子商务面临的威胁

1. 无线通信网络的安全威胁

移动电子商务的运营和使用环境都是在无线通信网络中进行，无线网络的信号传输和有线网络是不同的，有线网络通过电缆传输数据，无线网络的数据传输则是在空气中以广播的方式传播的，所以导致无线通信网络所面临的安全问题比有线网络更加严峻。总体而言，无线通信网络的安全威胁体现在以下几个方面：

（1）窃听的威胁

这里所说的窃听是黑客常用的一种网络攻击手段，当黑客或不法分子采取某种方法登录网络主机并取得超级用户权限后,便可有效地截获网络上的数据。由于无线网络传输介质的安全性比有线网络更低,因此无线网络面临窃听的威胁也更高。

(2) 对数据完整性的威胁

对无线网络而言,确保数据的完整性就是移动终端无论在任何环境下,都能接收或发送正确的数据,从而完成想要的操作。就目前而言,无线网络在不同地区、不同环境下,信号是有强弱区别的,数据完整性便有可能在通信顺畅的条件下执行得更好,通信不顺畅的条件下执行得相对较差。

(3) 无线通信标准的攻击

就目前而言,无线通信标准多种多样,包括 Wi-Fi、蓝牙和其他非 Wi-Fi 技术,都有特定的网络标准。仅 Wi-Fi 技术而言,就包括 802.a、802.b、802.11g 和 802.11n 等多种标准。随着技术的发展,无线通信标准都会或多或少暴露出自身的漏洞或缺陷,这就成为了黑客的攻击缺口,为移动电子商务的开展埋下了隐患。

(4) 窃取用户的合法身份

当用户在无线网络的环境下进行移动电子商务活动时,如果自己的合法身份被不法分子盗用,则不仅会使个人隐私遭到泄露,还极有可能导致金钱的损失。

2. 移动终端面临的安全威胁

随着网络和技术朝着越来越宽带化的方向发展,移动终端是移动电子商务活动正常开展的必不可少的组成部分,因此移动终端面的安全威胁,将直接影响移动电子商务活动的开展。下面具体介绍移动终端所面临的各方面安全威胁。

(1) 移动终端物理安全

物理安全是指使用移动终端的过程中不会受到人为或自然因素的危害而使信息丢失、泄露和破坏,对终端设备采取的安全技术措施,包括受灾防护、区域防护、设备防盗、设备防毁、防止电磁信息泄露、防止线路截获、抗电磁干扰和电源保护等。

(2) 移动终端数据破坏

数据破坏包括数据源的数据缺损、数据传输过程中数据缺损、异常操作导致数据缺损等,这些情况都会导致无法正常使用移动终端进行移动电子商务活动。其中,数据源的数据缺损是指操作系统、应用软件自身的数据遭到了破坏;数据传输过程中的数据缺损是指在上传或下载过程中,由于传输协议、无线通信标准等某些方面出现问题而导致的数据破坏;异常操作导致数据缺损则是指用户自身进行了错误的操作导致数据丢失或受到破坏。

(3) 移动终端被攻击

随着移动电子商务的不断发展,网络攻击对象也开始向移动终端转移,相较于服务器端而言,移动终端被攻击的可能性要高许多,黑客和不法分子可以利用手机病毒、木马传播到移动终端,以便实施其不正当的攻击活动。

(4) SIM 卡被复制

SIM 卡也称为用户身份识别卡和智能卡。该卡在芯片上存储了移动电话客户的数字信息,加密的密钥以及用户的电话簿等内容,可供 GSM 网络客户身份进行鉴别。据国外报道,全球最少有 5 亿部手机的 SIM 卡存在安全漏洞,导致黑客可从远端复制 SIM 卡,并盗取卡内银行账号等资料,这逐渐成为SIM卡所面临的最大威胁。

(5) RFID被解密

RFID技术目前应用得越来越广泛,例如手机上安装了此技术后便可成为电子钱包,在消费时直接通过RFID进行付费等,这也使得RFID的安全性遭受到一定的威胁,一旦其芯片中的数据信息被解密,便可能造成用户丢失数据、损失金钱等情况的发生。

(6) 在线终端易被攻击

这种情况特指使用移动终端进行移动电子商务活动时容易遭到攻击,因为一些攻击手段仅针对在线的环境,用户在线下时无法对其造成影响。

3. 软件病毒造成的安全威胁

软件病毒这里主要指的是手机病毒,无论桌面网络系统还是移动网络系统,都不可避免地会面临软件病毒造成的安全威胁。用户被感染软件病毒后,移动终端便会出现这样或那样的问题,如耗能增大、内部程序出错和自动发送信息等。

4. 商家欺诈行为造成的安全威胁

移动电子商务也是一种买卖形式,因此在这种环境下展开的活动,商家的欺诈行为对买家而言仍然是一种安全威胁,具体表现在以下几个方面:

(1) 弱售后服务

这指弱化其承诺的售后服务。售后服务是在商品出售以后所提供的各种服务活动,同时也是一种促销手段。商家可以通过售后服务来提高信誉,扩大商品的市场占有率,提高推销工作的效率及效益。但如果当商品售出后,无法兑现承诺的售后服务内容,对买家而言自然是受到了欺骗。

(2) 虚假广告

这指广告内容是虚假的或者是容易引人误解的,一是商品宣传的内容与所提供的商品或者服务的实际质量不符,二是可能使宣传对象或受宣传影响的人对商品的真实情况产生错误的联想,从而影响其购买决策的商品宣传。虚假广告的内容往往夸大失实,语意模糊,令人误解。虚假广告行为在法律上表现为作为和不作为两种形式:作为是指故意发布虚假广告;不作为就是广告发布者有义务说明或者警告,而不作为。

(3) 信息不对称

这指交易中的各人拥有的信息不同,掌握信息比较充分的人员,往往处于比较有利的地位;而信息贫乏的人员,则处于比较不利的地位。不对称信息可能导致逆向选择。一般而言,商家比买家拥有更多关于交易物品的信息,因此,仅在商品买卖中商家处于更为有利的地位,若此时商家出现欺诈行为,买家必然会造成损失。

5. 垃圾短信泛滥造成的安全威胁

垃圾短信是指未经用户同意向用户发送的用户不愿意收到的短信息,或用户不能根据自己的意愿拒绝接收的短信息。垃圾短信的危害在于使用短信进行勒索、诈骗等违法犯罪活动、传播不实消息和谣言、传播毒化社会风气的信息等。对移动电子商务而言,垃圾短信泛滥造成

的安全威胁体现在以下几方面:

(1) 影响运营商利益

过多的垃圾短信会耗费运营商的一些资源,严重时可能造成运营商通信线路的拥堵甚至崩塌,从而导致移动电子商务赖以生存的无线网络出现故障。

(2) 浪费能量

垃圾短信绝大多数情况下传递的都不是正面的信息,往往都是骚扰型、欺诈型和非法广告型的内容,这些信息会影响社会风化、引发社会恐慌,严重时还可能破坏社会稳定。

(3) 浪费时间

即移动终端经常收到垃圾短信后,无论是否浏览,都会花费时间对其进行清理,如查看、删除等。如果垃圾短信的量太大,则花费在上面的时间也就越来越多。

6. 移动商务资料失窃造成的安全威胁

这类安全威胁主要是指对移动电子商务活动中个人信息的定位,即如何有效地区分哪些属于个人信息、哪些属于非个人信息。对于非个人信息而言,可以充分利用网络的力量,共享资源,使各方都获取有用的资料;对于个人信息而言,则应该主动规避,避免造成侵权的行为。

7. 移动商务平台运营管理漏洞造成的安全威胁

移动商务平台是买卖双方实现交易的必需场所,如果该平台出现运营管理方面的漏洞,自然会对移动电子商务的开展造成安全上的威胁。移动商务平台运营管理可能出现的漏洞如下:

(1) 服务篡改

移动商务平台管理方如果因为工作疏忽或人为攻击,造成平台运营管理的服务遭到篡改,导致移动电子商务的某些业务无法开展或错误开展,就有可能使交易双方都受到损害。

(2) 账号被盗

账号是平台交易双方身份认证的有效手段,如果因运营管理不善导致账号被盗,则交易双方将遭到非常严重的损失。

(3) 资料泄露

当平台交易双方不需要公开的信息,由于电商平台管理不善而遭到泄露,将会对交易双方都产生一定的影响,最直接的表现即前面提到的垃圾短信,这是进行移动电子商务活动的各方都不想要看到的情况。

活动 2　手机病毒及主要防治措施

1. 手机病毒的发展历程

众所周知,智能手机目前的普及程度已经非常高了,手机病毒的开发技术也越来越先进,用户对其的重视程度也更高。可以想象,随着手机进行移动电子商务活动的逐渐普及,手机病毒的危害将会越来越大。下面首先来回顾手机病毒的大致发展历程:

(1) 始于 2001 年

如果把手机病毒定义为影响手机运行并会造成一定危害的手机软件或代码的话，那么第一个有案可查的手机病毒是 2001 年出现在西班牙的 VBS_Timofonica，该病毒通过感染计算机，并利用"将 E-mail 转发为短信"的功能向用户大量发送垃圾信息，同时还可以广播短信给某个 SMS 服务器，从而使得许多用户都收到垃圾信息。

随后又出现了一些手机恶意软件，由于当时的智能手机尚未普及，用户使用最多的智能手机操作系统是 EPOC(Symbian 操作系统的前身)，因此大部分手机恶意软件都是针对 EPOC 系统的，包括使手机发出持续不断铃声的 EPOC_Alarm、显示正在格式化硬盘实际却没有进行操作的 EPOC_Fake.A、使背景灯闪烁的 EPOC_Lights.A，以及显示垃圾信息的 EPOC_Ghost.A。这些手机恶意软件的共同点就是不会对系统造成实质性的伤害。

小提示

Symbian 系统是塞班公司为手机而设计的操作系统，具有功耗低、占用内存少等特点，非常适合手机等移动设备使用，可以支持 GPRS、蓝牙、SyncMLx NFC 及 3G 技术。不过目前由于各种原因，该系统已经终止开发。

(2) 兴起于 2004 年

在 2000 年之后的很长一段时间里，手机病毒完全没有引起用户的注意。但到了 2004 年智能手机开始普及时，第一个真正意义上的手机病毒诞生了。SymbOS_Cabir.A 可以智能地通过蓝牙传播到其他手机上，一旦有手机感染，就会自动打开蓝牙并搜索附近已经打开的蓝牙设备，找到之后即自动建立联系并将病毒副本发送至搜索到的设备。

由于当时 Symbian 智能手机的市场正在起步期，许多用户不了解其运作的方式，因此导致感染上 SymbOS_Cabir.A 病毒，手机电量很快被耗尽。这算是第一个可以直接对手机硬件造成破坏的手机病毒。不同于 2004 年以前的那些手机恶意程序或坏笑程序，SymbOS_Cabir.A 的出现让智能手机用户对个人手机安全开始警惕起来。而随后出现的 Skull 骷髅木马病毒可以使手机的功能全都不能运作，手机应用程序里的图标全都变成骷髅头，甚至无法开机，这算是当时影响最为恶劣的手机病毒之一。

(3) 泛滥于 2008 年

随着当时 Symbian 手机的普及、Windows Mobile 手机的逐渐成熟及 Android、Linux 等开源系统的逐渐进入，手机上网也开始普及，在这种情况下，手机病毒的数量也呈上升趋势。就目前而言，iOS、Android、Windows Mobile 等手机操作系统已经较为完善，但针对这几种系统的手机病毒却层出不穷，如针对 iOS 的苹果大盗、iOS 7 间谍手机病毒；针对 Android 的僵尸病毒、超级手机病毒等。可以说，只要使用手机进行移动电子商务活动，那么手机病毒就一直是个威胁。

2. 手机病毒的传染方式

随着智能手机大量出现，利用蓝牙或无线上网的传输方式，智能手机已经成为继计算机之后,新一代病毒的攻击对象。目前常见的手机病毒类型比例及渠道来源比例如图2-40所示。

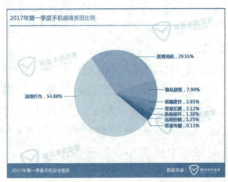 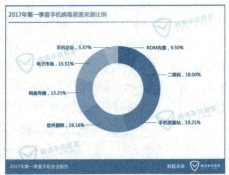

图 2-40　2017 年第一季度手机病毒类型比例及渠道来源比例

按传染方式的不同,可将手机病毒分为以下几类:

(1) 以蓝牙为主要感染扩散方式的手机病毒

手机中了该病毒后,使用蓝牙无线功能对邻近的其他存在漏洞的手机进行扫描,在发现漏洞手机后,病毒就会复制自己并发送到该手机上。用户点击病毒文件后,病毒随即被激活。

(2) 通过网络下载图片铃声等服务的方式进行感染的手机病毒

这类病毒以骷髅头病毒为代表。骷髅头病毒会在使用者下载图片铃声时进入手机,然后将手机屏幕上的应用图像都改成骷髅头图片,接着让手机无法收发短信,无法读取电话簿或日程表,中毒后手机唯一能做的就是接打电话。另外还有一种手法与骷髅头病毒类似的手机病毒,其唯一的不同之处是会将图像改为红心图案。

(3) 通过短信、彩信进行散播的手机病毒

这类病毒以武士病毒为代表。武士病毒可以自动发出包括告知手机用户下载防毒软件、手机桌面管理软件、3D游戏软件和色情图片等各种信息。病毒利用短信或彩信进行传播,造成手机内部程序出错,从而导致手机不能正常工作。或者短信中包含恶意文件的下载地址,当用户不小心下载并运行后,手机即被感染。还有的病毒利用手机系统漏洞,通过带有病毒程序的短信传播,只要用户查看带有病毒的短信,手机即刻自动关闭。

(4) 捆绑在正常软件中

由于手机应用程序的获取途径繁多,很多论坛以及网站都会提供下载但往往这些程序的安全性无法得到保障。很多病毒将自身捆绑在正常应用中,用户在安装这些应用时会无意间便被感染。

(5) 伪装成正常软件

某些手机病毒会将自己伪装成安全软件,一旦用户安装此病毒程序则会导致安全软件失效。还有病毒会伪装成游戏软件,引诱用户下载安装。

(6) 通过手机上网

在手机上网时,特别是一些不用密码就可以连接的公共 Wi-Fi,无意中访问了包含恶意代码的网站,导致信息被窃取。

3. 手机病毒的攻击方式

手机的功能越全面，能够支持的游戏或者应用程序越复杂，就意味着它同时也能运行更复杂的病毒程序，所产生的后果也就越严重。总的来说，手机病毒的攻击方式主要有以下几种：

① 攻击提供手机服务的互联网工具或者其他互联网内容、服务项目。
② 攻击 WAP 服务器使手机无法正常接收信息。
③ 攻击和控制网关，向手机发送垃圾信息。
④ 直接攻击手机本身，使手机无法提供服务。

4. 手机病毒的防治措施

以手机目前的数字处理能力，还不至于强大到可以独立处理、传播病毒，但病毒能通过计算机、WAP 服务器、WAP 网关来骚扰手机。因此只要做好一定的防止措施，便可很好地避免手机感染上病毒。具体建议如下：

① 对于陌生人发送的短信息，不要轻易打开，更不要转发，应及时删除。
② 当来电显示乱码电话时，应不接听或立即把电话关闭。
③ 使用手机上网功能时，尽量从正规网站上下载信息，不建议从那些不知名的小型网站下载图片、铃声。
④ 不要随意在一些网站上登记自己的手机号码，以免感染上手机病毒。
⑤ 浏览网页的手机尽量不要浏览个人、黑客和色情网站。
⑥ 不要随便安装来路不明的手机程序。
⑦ 带蓝牙功能的手机用户，可将蓝牙功能属性设置为"隐藏"，以防被病毒搜索到。
⑧ 利用"无线传送"功能比如蓝牙、红外线接收信息时，要注意选择安全可靠的传送对象，如果有陌生设备搜索请求链接最好不要接受。
⑨ 安装手机防毒软件（如 360 手机卫士等）。

活动 3　移动支付安全

在手机逐渐取代钱包，带来方便的同时，移动支付的安全性成为了许多用户所关心的问题。随着移动支付市场爆发性增长，安全已成为这个行业绕不开的难题。腾讯移动安全实验室发布的《2017 年上半年手机安全报告》显示，2017 年上半年支付类病毒感染用户数达 502.4 万，大家的"电子钱包"仍面临严重威胁。更令人担忧的是，移动支付安全威胁趋于多样化、常态化，使得防御难度大大增加。

1. 从系统角度来看

不要随意 Root 手机权限，下载带有支付功能的手机 App 一定要从正规渠道下载，同时要在手机上尽快安装安全软件，定期检测手机系统安全。手机系统及 App 有新版本应尽早更新，因为新的版本是在旧版本上的进一步修复和优化，相比旧的版本会更安全。

2. 从 App 使用角度来说

设置支付宝、微信的支付密码尽量不用自己的生日或过于简单的密码,在这些 App 内开启指纹等生物识别技术支付,关闭免密码支付,哪怕是小额支付。在支付时不要嫌麻烦,多一重保护就多一道安全。支付宝、微信等目前都有指纹识别、人脸识别等生物特征的验证体系,是目前较为先进和安全的支付手段。

3. 从信息保护的角度来看

注意不要泄露个人信息,认真识别支付类网站,不随意打开链接和信息。比如最近流行的"带链接的短信",不管对方声称这里有你认识的人也好,还是链接里是家里孩子的考试成绩也好,都不要轻易点开。

移动支付安全面临的一大挑战,是如何准确鉴别用户身份的真实性,即如何证明"我是我"。在人工智能新时代下,可以通过移动终端来探索身份认证的新方式,借助机器学习用户交互行为,来对用户进行身份鉴别。为了认证支付者身份的唯一性,腾讯公司正在探索一种更为智能的验证技术,称之为"图灵盾",其主要利用基于用户行为特征的 AI 无感知身份认证技术,可在多场景下综合判断当前使用者是否为手机主人,从而实现账号防护、支付安全、手机防盗、隐私保护等。在实际应用场景中,"图灵盾"可实现免密解锁、免密支付、自动登录等,让复杂的二次身份验证流程简单化,同时安全系数更高,可靠性更强。

拓展任务 1

分组讨论,个人应该如何做好手机安全防范,避免手机中毒、上当受骗。各组派一个代表汇报。

拓展任务 2

请你上网搜索关键词"手机安全报告",了解关于手机安全的最新资讯,并回答以下问题:

1. 最近又有哪些新型手机病毒、手机诈骗的新手法出现?它们是通过什么途径或方法进行破坏和欺骗的?
2. 你该怎样防范和应对新型的手机病毒和诈骗手法?

项目练习

1. 单选题

(1) 移动商务从本质上归属于(　　)的类别。

  A. 电子商务   B. 通信技术   C. 无线通讯   D. 网络技术

(2) 下列行为属于移动电子商务的是(　　)。

  A. 用手机在公园上网收发邮件   B. 用台式计算机在宿舍上网下载程序

  C. 用笔记本计算机在火车上看电子小说   D. 使用蓝牙耳机拨打手机

(3) 用手机摄像头一拍,立刻解码出丰富的信息内涵的是(　　)。

A. 一维条码 B. 二维条码 C. RFID D. NFC

(4) 二维条码是应用(　　)技术。
　　A. 基于光学识读图像的编码技术 B. 无线射频技术
　　C. 蓝牙技术 D. 近距离非接触技术

(5) 二维条码在(　　)存储信息的条码。
　　A. 圆形图形中 B. 方形图形中
　　C. 长方形图形中 D. 水平和垂直方向的二维空间

(6) 下列(　　)是移动商务应用主体面临的安全威胁。
　　A. 缺乏安全意识 B. 资料失窃 C. 垃圾短信 D. 欺诈行为

(7) 相对于笔记本而言,智能手机的优势是(　　)。
　　A. 携带方便,接入灵活 B. 界面友好,易操作
　　C. 计算速度快 D. 外设接口种类多

(8) 以下关于二维码的说法正确的是(　　)。
　　A. 二维码是O2O的重要入口,可以打通线下线上,不仅能给用户提供便捷服务,还能给互联网企业提供优质的营销平台,因此受到各大互联网企业的重视,纷纷投入力度推广
　　B. 如今,二维码已成为移动互联网市场众多产品的标配,成为网络浏览、下载、购物、支付等各项应用的入口,渗透至用户餐厅、地铁、电视、社交等生活的各个场所,具备了较大的用户市场
　　C. 二维码是线下线上模式的最佳切入点,通过二维码进入购物、买票、获取优惠券等逐渐成为潮流
　　D. 购物消费,是手机网民使用二维码最多的场景。其次为添加好友,主要在于QQ的发展培养了用户使用二维码添加好友的习惯

2. 多选题

(1) 下列(　　)是比较可靠的手机应用下载途径。
　　A. 豌豆荚 B. Apple App Store
　　C. 91助手 D. 百度手机助手

(2) 下列选项中,属于行为性生物特征识别技术的是(　　)。
　　A. 指纹识别 B. 虹膜识别 C. 声音识别 D. 笔迹识别

(3) 下列选项中,属于移动电子商务所面临的威胁有(　　)。
　　A. 软件病毒 B. 商家欺诈 C. 垃圾短信 D. 资料失窃

(4) 下列选项中,属于买家常见的骗局的有(　　)。
　　A. 称用户中了大奖,并提供链接查看,若需领奖则要缴纳手续费等相关费用
　　B. 通过相似性的网站地址诱骗用户访问,获取登录信息
　　C. 注册与某个已拍下商品的买家的相似ID,然后要求商家修改地址
　　D. 冒充顾客发病毒的图片、文件

(5) 下列选项中,属于移动智能终端的是(　　)。
　　A. 车载智能终端 B. 智能电视 C. 可穿戴设备 D. 智能手机

(6) 二维条码具有(　　)优点。

A. 存储量大 　　　　　　　　　　　　B. 性价比高
　　　C. 数据采集与识读方便 　　　　　　D. 信息容量小
(7) 适合手机二维码应用的是(　　)。
　　　A. 移动支付　　　B. 电子票务　　　C. 发布企业信息　　　D. 了解产品信息
(8) 手机病毒的传播方式有(　　)。
　　　A. 用短信和电话攻击手机本身 　　　B. 利用蓝牙方式传播
　　　C. 利用 MMS 多媒体信息服务方式传播　D. 利用攻击和控制"网关"进行传播
(9) 移动商务进行中交易主体的欺诈行为对移动商务的安全威胁有(　　)。
　　　A. 交易双方的信息不对称 　　　　　B. 虚假广告对消费者的威胁
　　　C. 售后服务中的缺陷 　　　　　　　D. 虚假广告对消费者的诱惑
(10) 以下可以制作二维码的网站为(　　)。
　　　A. http://www.liantu.com 　　　　　B. http://tool.chinaz.com/qrcode
　　　C. http://www.rabbitpre.com/ 　　　D. https://modao.cc
(11) 在二维码制作的时候,选择活码,这样做是因为(　　)
　　　A. 避免二维码不能够使用 　　　　　B. 避免重复制作带来的不便
　　　C. 避免重新设计二维码带来的浪费　D. 避免用户多次扫描的麻烦

3. 判断题

(1) 手机病毒只能在用户进行无线上网时进行感染,无法通过蓝牙传播。(　　)
(2) 使用手机上网时,尽量不要随意在一些网站上登记自己的手机号码。(　　)
(3) 大众点评、美团和糯米等电商平台属于 O2O 移动电商类型。(　　)
(4) 移动商务仅是两个手机之间进行的商务活动。(　　)
(5) 移动支付就是无线支付。(　　)
(6) 移动支付的安全问题是消费者使用移动商务业务的最大疑虑。(　　)
(7) 与 Wi-Fi 技术相比,蓝牙的有效连接范围更大。(　　)

项目三 移动营销概述

项目目标

通过本项目的学习,应达到以下目标:
◇ 了解移动微博营销的概念、特点
◇ 掌握移动微博营销的基本方法和技能技巧
◇ 熟练使用移动设备在微博上发布图片、文字内容
◇ 了解 App 营销的优势、App 营销的模式
◇ 了解 QQ 营销的特点,掌握 QQ 推广的基本方法
◇ 了解陌陌营销的特点,掌握陌陌推广的基本方法
◇ 了解主流的自媒体平台以及它们的优缺点
◇ 了解微店基本管理操作

任务 1　了解移动营销

任务描述

现在手机网民越来越多,手机购物的人也越来越多。小明想要从传统的电子商务手段中再开辟一条新的营销道路,但是苦于对移动营销一点都不懂,无法下手。现在迫切需要了解移动营销的相关知识,尽快地进入移动电商行列大展身手。

任务实施

活动 1　移动营销的特点

移动营销是一种全新的营销模式,其具有的特点如下:

1. 营销范围的全球性

互联网的共享性和开放性,决定了互联网信息无区域、无时间限制,可在全球传播开来。

因此移动营销具有全球性。

2. 互动性

即时通讯软件如 QQ、旺旺、速卖通等，双方在交易的时候，可以充分地沟通迅速达成一致。在交易完以后，卖方也可以咨询客服，也可以在论坛、博客产生互动，打破空间限制就一些问题进行交流。

3. 成本低廉

在经济全球化的背景下，移动营销的价格成本相对较低，是企业来扩展销售渠道和增加客户数量的一种手段。由于移动终端客户群体庞大，不受时间和地域的限制，快捷、覆盖面广，同时也满足了用户的使用需求。通过移动营销进行信息的交流和传递，也减少了在传统营销中实物的费用。

4. 较强的精准性

移动营销中的互联网广告受众明确，广告是广告主根据受众喜好制定的。对受众进行明确的分类，对不同的受众推出他们感兴趣的不同内容。在报刊、移动投放系统等，通过匹配，然后精准投放给消费群体。

5. 资源的整合性

网络资源具有开放性和共享性。由于从业者的不同，移动营销可以对多种营销方式进行资源的整合。

活动 2　移动营销的发展趋势

移动营销一定要成为消费者生活的陪伴者而非打扰者。移动营销要思考如何向消费者传递有温度的品牌，而品牌不能只是图一时的火爆。移动营销未来发展有十大新趋势：

1. 移动的温度：捕捉消费者"流动"的情感

在移动互联网环境下，消费者具有高感性和高卷入两种特征。高感性指的是消费者会基于移动互联网场景和氛围下的实时化行为触发；高卷入指的是在使用不同的应用中，消费者所倾注自己更深度的情感元素，而这种卷入度比 PC 端的卷入度要高。这种背景下，移动营销就应该去思考，如何去激发消费者更多元化的情感卷入和情感流动，营销的内容创意就要以触发情感流动为目标。

例如，2016 年里约奥运会，可口可乐以日常生活中的成功时刻为切入点，让奥运精神回归日常点滴，聚焦时代背景下每一个为实现梦想而努力拼搏的平凡人和他们背后的支持者。通过重新诠释奥运金牌的含义，发掘奥运蕴藏的人文情怀，将"金"与人类最珍贵的情感连接起来，如图 3-1 所示。

图 3-1 里约奥运会与可口可乐

2. 情景营销,重新定义移动应用的场景

如今,移动营销的系统性变革路径大致为:产品为导向→消费者为导向→场景为导向。现在是(情景)体验为导向,就需要更多的情感卷入与社交分享。场景是基于特定的时间、空间环境下,对消费者需求的满足;情景是在时间、空间环境、消费者的情感卷入以及社交分享行为下,对消费者触发需求的满足,而移动营销就需要思考场景营销到情景营销价值的升级。

比如,肯德基和荔枝 FM 联合推出的暖心早餐活动:"每个早晨都需要一句暖心的话,每个怀揣梦想的平凡人都值得被鼓励,你的一早需要鼓励,就像你的早餐需要肯德基。"肯德基期望用这种轻松有趣的设计风格结合励志金句,为每一个"早起族"输入积极正能量,带给人们一早的鼓舞与活力,从情感的角度与用户产生关联,如图 3-2 所示。

图 3-2 肯德基和荔枝 FM 暖心早餐活动

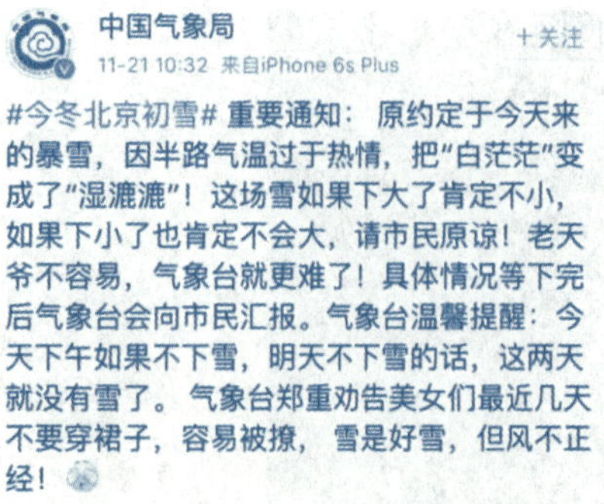

3. 卖萌的娱乐，严肃话题的轻松创意

品牌既要高大上，同时也要接地气，今天在移动互联网时代上，要让人们能够感受到它的脉搏，而这种脉搏可以通过轻松创意来达到。甚至一些看起来很严肃的话题，可以用诙谐幽默的创意方式进行展现。某年11月20日，中国气象局官方微博信誓旦旦预测北京今天第一场雪正在匆忙赶来的路上，预计21日早"帝都"就将是一片白茫茫，但是说好的"白茫茫"却没有到来，随后，中国气象局发出一条微博道歉（如图3-3），气象预报本是严肃的事情，但气象局官微选择以卖萌的形式来道歉有误差的预报，也增加了大家对其的好感度和亲密度。

图3-3　卖萌的天气预报

4. 公益主题应用：为用户制造新的时点

今天越来越多的企业都在践行社会主义责任感，公益事业成为其中重要的组成部分。在移动互联网时代下，企业通过网络的高效传播，来引导消费者成为公益的参与者、倡导者。公益不再是少数精英阶层关心的内容，也是普通大众能够奉献力量的一份事业。

广药白云山发起的"回收过期药"公益活动（如图3-4），第一阶段通过信息流广告定向在北、上、广、深四地进行预热，向用户传递过期药瓶危害巨大这一信息，让用户受到心灵震撼并自觉转发。第二阶段加大传播力度，联合腾讯、天猫、有道词典等联合发起信息传递，让更多的用户了解到过期药品的危害并参与其中。第三阶段通过微博、微信进行传播，让用户了解过期药品正确处理方式并自主处理药品，到达了公益的目的，也为广药白云山起到了宣传作用。

图3-4　广药白云山回收过期药活动宣传页面

5. 制造话题冲突：为用户制造新的时点

当今互联网时代，有争议才能形成话题，才能形成传播。品牌要通过调动消费者的情绪，来制造争议、制造话题。比如奔驰在宝马百年的时刻，发布的一条关于自己比宝马早诞生 30 年，这 30 年很寂寞的广告（如图 3-5）。同时宝马回应，当我诞生的时候你已经老了，一时间引爆消费者争议。争论中提高品牌曝光量并引发消费者对于品牌车型的关注和了解，进一步激发购买动机。

图 3-5 宝马公司广告话题冲突

6. 洞察亚文化的营销

现在，年轻人都是族群文化的创造者，这些新兴的群组文化不仅是消费者的一种自我标签行为、自我归属行为。同时，它也会为品牌带来新的文化细分的机会。比如说，二次元就是如今在 90 后、95 后群体当中非常火的话题，除去二次元文化，我们还可以挖掘更多的由移动互联网时代所激发出来的新的文化的族群。洞察这些族群，才能更好地去找到品牌新的细分市场和更垂直的定位，能更好地在更大的人群中切割和影响到更细分的移动用户。

比如，快餐行业领先者麦当劳和网易漫画的强强联手，打造了一次成功的亚文化营销，通过二次元视频的线上预热、主题店的线下筹备到线下主题活动的引爆，包含麦当劳漫画主题餐厅、二次元爱好者互动参演、麦当劳漫画套餐新体验等多个二次元元素，一系列的二次元亚文化营销，抓住当下流行的二次元亚文化趋势，精确匹配二次元粉丝这一特别群体。从他们对动漫的狂热爱好入手，为他们打造属于他们的消费体验，让粉丝乐于为自己的爱好买单，为懂自己的商家买单，如图 3-6 所示。

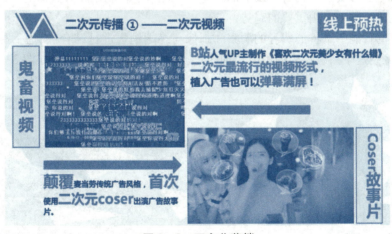

图 3-6 亚文化营销

7. 挖掘三线以下市场的移动电商机会

目前一、二线城市的移动营销较为完善，但是广阔的三线及以下城市，移动营销尚存在较大空白。挖掘三线及以下城市的电商机会，能够为品牌主提供营销新机遇、发掘新市场、吸引新客户。

例如，奥利奥关注三线以下城市的"迁徙群体"，针对目前三线及以下城市尤其是乡镇对"洋货"品牌认知度不高的现状，考虑到他们返乡路漫长会吃零食以及回家办年货的需求，奥利奥整合移动端与下沉渠道以及特殊户外媒体，短短1周内连接22省村镇用户，创造电商销售神话，拉动线上旗舰店的销量增长150%。奥利奥营销策略如图3-7所示。奥利奥的成功营销案例，证明了关注三线及以下城市，对这片开发不足的市场进行移动营销，有助于品牌主提高销量，并且可以在全国范围内提高品牌知名度。

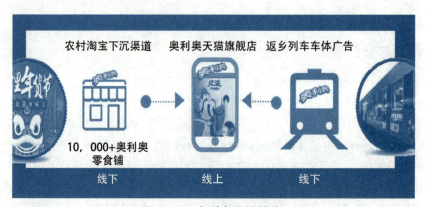

图3-7　奥利奥营销策略

8. 智能化移动客户关系管理从云端到终端

数字营销目前解决的是云端的问题，比如在数字媒体平台上如何与消费者沟通和互动，而终极目标是希望能够实现消费者在线下的转化。因此基于智能化和大数据的客户关系管理与终端的结合也成为移动营销重要的趋势。

例如建立的智能引擎将消费者的洞察和画像与终端销售进行结合，成为一种智能化的销售工具，帮助薇姿这个品牌在店铺里面实现转化。薇姿智能化销售管理，如图3-8所示。

图3-8　薇姿销售管理

9. 直播让品牌更有现场感

作为一种创新营销方式,直播营销能够很好地满足消费者需求,实现品牌与消费者的实时互动,让品牌更有现场感。目前,美食、明星和户外真人秀成为用户最为关注的直播内容。用户观看的直播内容占比,如图 3-9 所示。

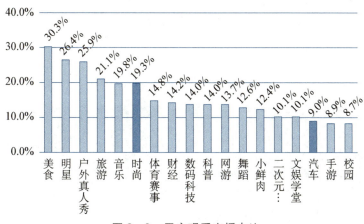

图 3-9　用户观看直播占比

例如《宝马 X1 见证大直播时代》,为了烘托宝马 X1 上市氛围,利用在线直播营造粉丝在场感(如图 3-10),通过音乐的内容载体传达品牌年轻、活力、"敢作敢为"的核心内涵,互动的同时制造消费场景,提升产品销量。

图 3-10　宝马 X1 见证大直播时代

10. VR 应用,创造超越现实的品牌体验场景

2016 年 VR 也是热点,VR 营销不是简单地在 VR 设备上做营销,而是在不同的移动互联

网场景中融入VR,让品牌体验更具沉浸感。同时如果还能够创造出一些特别扩散的话题,那么VR的营销就能够成为创造社交媒体内容的源头。VR营销的核心就是要制造超越现实的品牌体验。

例如《"神州专车——深入唤醒用户"移动端Deeplink效果营销推广案》,神州联手暴风打造VR+专车的创新体验(如图3-11),利用超越现实的VR体验凸显神州的安全理念与服务创新,线上病毒视频紧随其后,形成传播热点,通过VR自带的营销热点催化专车市场,制造行业影响力,打造跨界合作新案例,形成1+1>2的品牌合力。

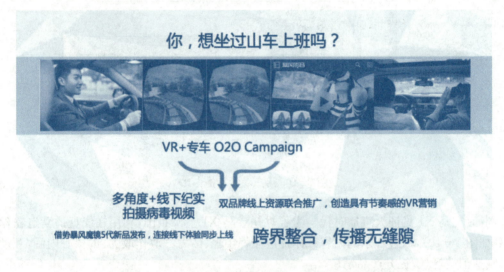

图3-11 神州联手暴风打造VR+专车的创新体验

移动互联网是一个信息过载的时代,而如何解决信息过载的问题,内容创意依然是营销的核心驱动力。移动营销要思考如何在移动互联网界面去积累品牌的厚度,对于新的移动互联的技术要有整合的应用,通过移动互联网时代的媒介和应用的整合,创造新的场景模式和实效的价值。

任务2 移动营销渠道

小明打算应聘某公司的网络推广专员,他了解到这个岗位主要负责做移动端的营销推广,于是他决定先了解移动端的各种营销工具和营销渠道,例如微信营销、微博营销、App营销、社交媒体营销、自媒体营销、微商城和微店等。

活动1 微信营销

随着移动互联网的不断发展,微信已经演变成为集聊天、分享、购物、金融等功能于一体的社交平台,微信营销也逐步兴起。微信营销,顾名思义是企业或个人利用微信平台,对微信用户所开展的营销活动。微信向用户提供了如朋友圈、微信支付、公众号等丰富的功能及服务,企业或个人可以通过这些功能及服务轻松地进行点对点精准营销、关系营销、互动营销。

1. 微信的主要功能

① 聊天功能:为用户提供文字、图片、语音短信、短视频等信息交流方式,同时还提供了群聊功能以满足多人同时在线聊天的需求。

② 好友添加功能:除了为用户提供微信号、QQ号、手机号添加好友的方式外,还为用户提供了雷达加好友、扫一扫、面对面建群等建立关系的方式。

③ 朋友圈:为用户提供了信息分享平台,用户可在朋友圈中分享文字、图片、短视频,或通过其他软件将文章或音乐等内容分享到朋友圈。

④ 扫一扫:微信为用户提供了二维码/条形码扫描、街景扫描、封面扫描、中英翻译扫描等扫描功能。例如,通过扫描二维码或者条形码获取网址链接或商品价格;封面扫描是用户通过扫描书籍、CD、电影海报等一些商品的封面获取相应的商品信息;街景扫描就是用户通过扫描附近的建筑、街道来获取其所在地的位置、娱乐、商务、生活等服务信息;中英文翻译扫描是用户利用摄像头对需要翻译的英文单词进行扫描翻译的功能。

⑤ 摇一摇:用户通过摇动手机可以寻找到与其同时摇手机的用户;还可以摇动手机查询正在播放的歌曲或电视节目的相关信息。

除了以上功能外,微信还为用户提供了"附近的人""漂流瓶""钱包"等功能,同时还提供了订阅号、服务号、企业号等帮助企业、商户实现营销。

2. 微信的注册

① 打开微信软件,进入微信登录/注册界面,单击"注册"按钮进入注册界面。

② 填写界面中的注册信息,输入昵称、电话号码及密码,单击"注册"按钮,如图3-12所示。

③ 安全验证手机号完成后,系统会要求用当前手机号码发送验证码到指定服务号,发送成功后,完成注册,如图3-13所示。

微信也可以在PC端使用,但是PC端只能实现微信公众平台、开放平台及聊天等部分功能。用户登录http://weixin.qq.com/,可以看到网页中公众平台、开放平台及微信网页版,

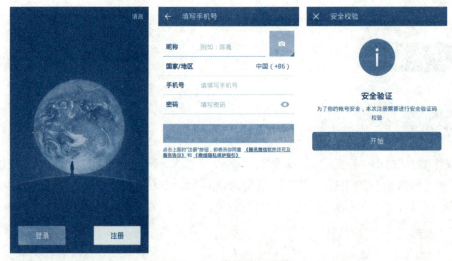

图 3-12 微信注册界面

图 3-13 验证及注册成功界面

进入后就可以在 PC 端进行相应的操作。网页版微信只保留了聊天及文件传输这两个基本功能。由此可以看出微信主要是针对移动互联网用户而设计的,网页版微信只是对其功能的补充,并不是重点发展的方向。

3. 微信营销的特点

① 针对性强。微信营销的针对性是极强的,因为微信好友添加必须通过对方的确认,订阅号、服务号都需要用户关注后才可以看到其推送的信息,用户具有对信息的选择权。因此,微信营销是针对"关注"用户的营销。

② 互动性强。微信是一个互动社交平台,用户可以通过它进行交流沟通,商家通过用户的信息反馈了解用户的需求及产品推广情况,用户也可以通过留言的方式将遇到的问题及时

反馈给商家。

③ 移动性强。微信是基于移动端的应用,因此微信营销不受时间、空间的限制,无论身处何时、何地,只要有好的营销信息或者内容,就可以马上通过手机将其推送给用户。

4. 微信营销的商业价值

近些年随着微信用户的增加、微信新功能的推出,微信逐步走进营销工具的行列,现如今也有越来越多的企业在微信上开店铺、做宣传,其商业价值也逐渐显现出来。

① 用户规模大。微信有着数亿的用户,庞大的用户量给商家带来营销的基础。

② 微信公众号。微信公众号为商家解决了线上的数字身份问题,同时又解决了传播模式的问题(一对多、互动反馈、富媒体、移动化),这让商家的销售更加多元化、丰富化。

③ 准确的身份确认。微信号是与用户手机号码关联在一起的,这也就意味着微信用户的信息更加真实可靠,这为在微信平台上进行营销活动提供了点对点的保证。

④ 面向移动用户。微信是一款在移动端使用的 App,因此用户可以不受时间、空间的限制,随时随地刷朋友圈、看订阅号,这种随身性也为商家提供了及时营销的可能。

活动 2　微博营销

随着互联网及微博的发展,我国微博的注册用户总数已经突破 10 亿。近几年智能手机和平板电脑的兴起使得移动端微博的使用率日益增加。而原来 PC 端的微博营销也渐渐向移动端倾斜。

微博是微型博客的简称,是一个基于用户关系信息分享、传播以及获取的平台。微博作为一种分享和交流平台,更注重时效性和随意性,更能表达出每时每刻的思想和最新动态。而它的特点也注定了在移动端使用会更加方便快捷。

国内的主要微博平台有新浪微博(已改名为微博)、腾讯微博、网易微博和搜狐微博四大平台。其中,新浪微博发展最好,已经一家独大,其他微博渐渐退出竞争。

1. 微博营销的概念

微博营销是指通过微博平台为商家、个人等创造价值而进行的一种营销方式,也是指商家或个人通过微博平台发现并满足用户的各类需求的商业行为方式。移动端的微博营销则是基于移动端微博平台进行的微博营销,是由于移动产品的兴起而衍生出来的一种新型营销方式。

2. 微博营销的特点

微博营销是一种新型的营销方式,它和传统的营销方式有很大的不同,与传统的营销方式相比,它有以下特点:

① 成本小,效果好。140 个字发布信息,远比博客发布容易,对于同样效果的广告则更加经济,而在移动端微博进行营销成本更加低廉。

② 传播速度快,覆盖广。微博最显著的特征之一就是其传播迅速。一条微博在触发微博引爆点后短时间内互动性转发就可以抵达微博世界的每一个角落,达到短时间内最多的目击

③ 操作简单便捷，信息发布便捷。微博只需要编写好 140 字以内的文案即可发布，只需要简单构思，就可以完成一条信息的发布，从而节约了大量的时间和成本。

④ 开放性。微博几乎是什么话题都可以讨论，微博就是要最大化开放给客户。

⑤ 拉近距离。在微博上面，美国总统可以和平民点对点交谈，政府可以和人民一起探讨，明星可以和粉丝们互动，微博其实就是在拉近距离。

⑥ 互动性强。在微博上能与粉丝即时沟通，及时获得用户反馈。

⑦ 针对性强，效果好。微博营销是投资少、见效快的一种新型网络营销模式，其营销方式和模式可以在短期内获得最大的收益。

⑧ 手段多样化、人性化。从技术上，微博营销可以方便地利用文字、图片、视频等多种展现形式。从人性化角度上，企业品牌的微博本身就可以将自己拟人化，更具亲和力。

3. 微博的注册

微博账号向任何政府、企业、媒体、网站、应用、机构、公益、淘宝卖家、校园组织和个人都开放注册，而且可以在手机端和 PC 端免费注册，其中个人申请的门槛相对较低。如果需要申请个人微博账号进行运营，以新浪微博为例，手机端注册可以按照下面的操作步骤进行。

首先，需要在手机或者平板电脑上装上微博的应用。现在市场上有很多应用市场，如 360 手机助手、应用宝、豌豆荚等，也可以在里面搜索应用"微博"下载安装使用，也可以在 PC 端下载安装程序安装在手机上。

可以根据手机的操作系统选择 iOS、Android 或者其他客户端进行下载安装，以 Android 手机的新浪微博应用为例，安装之后打开微博，单击"注册账号"按钮。

进入注册页面，新浪微博推荐使用手机号码进行注册，如图 3-14 所示。输入手机号码和密码，单击"注册"按钮。

图 3-14 微博手机注册界面

然后注册的手机会收到一条新浪微博发送的带有验证码的短信,输入此验证码,单击"确定"按钮,如图3-14所示。在手机上也可以用邮箱进行注册,在手机注册页面的下方有一个邮箱注册的按钮,单击即可进入邮箱注册的流程。

这样,就基本完成了微博的注册,接下来就是个人资料的完善了。在设置完头像昵称、关注系统推荐的感兴趣的人和通讯录好友之后(如图3-15所示),就可以进入微博的主页面了,如图3-16所示。

图3-15 选择兴趣界面　　　　3-16 微博主页面

4. 发布微博内容

安卓版的新浪微博界面下方有"微博""消息""＋""发现"和"我"5个按钮,上方是"拍照""好友关注""热门微博信息"和"扫一扫"4个按钮,中间是关注的微博用户的微博。单击下方的"＋"按钮,即可发布自己的微博,如图3-17所示。

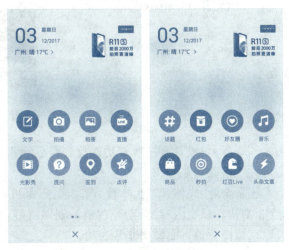

图3-17 手机发布微博界面

微博手机端比 PC 端有了更多功能,除了发布文字、图片、长微博、签到等基本功能之外,还可以使用照相、秒拍功能,单击"点评"按钮,对电影、音乐、美食等进行点评,同时还有收款功能,比起 PC 端来说功能更加强大,更加实用,也更加方便。

5. 搜索关注微博

在安卓手机微博客户端下方,单击"发现"按钮即可进入如图 3-18 所示的界面。可以看到,手机客户端的"发现"界面下方有很多丰富的内容,有游戏、直播、游戏、电影等一系列功能供用户探索和挖掘,这里只讲如何"找人",其他功能供读者自己挖掘探索。

例如,要找上海发布,可以在最上方的搜索框内输入"上海发布"进行搜索,也可以单击"找人"按钮,在出现的搜索框内输入"上海发布"进行搜索,所不同的是,在"发现"搜索框内搜索"上海发布"不仅会出现关于"上海发布"的用户,还有关于"上海发布"的相关微博和信息,而"找人"里面搜索"上海发布"则只出现与"上海发布"有关的用户,用户可以根据自己的需要进行选择。搜索"上海发布"出现的两种界面如图 3-19 所示。图 3-19 中的左图是在"发现"界面搜索的结果,右图则是"找人"界面搜索的结果。

图 3-18 "发现"界面

图 3-19 "发现""找人"界面　　　　图 3-20 热门微博界面

在"热门"栏目(如图 3-20 所示)或者通过搜索功能找到自己感兴趣的微博账号后,可以点击"＋关注"的按钮,即可关注该微博账号。

在微博上,不管是个人还是企业、媒体、政府、学校、淘宝卖家,都可以注册账号进行营销互动,门槛非常低,传播速度非常快。只要内容、活动等营销策划做得好,不管是大型上市公司,还是个人淘宝卖家,都可以在微博营销方面做得非常成功。

活动3　App营销

App营销就是指利用移动端的各种应用程序来进行营销。App是应用程序Application的意思。App营销是通过智能手机、社区、SNS等平台上运行的应用程序来开展营销活动。

1. App营销的优势

① 成本相对较低：App营销的成本相对于电视、报纸要低得多，只要开发一个适合于本企业的App即可。不过其成本相对于微信公众号来说，还是要高很多。

② 自主性强：其实对于一般企业来说，微信公众号就能满足其大部分需求，没必要开发App。但是公众号毕竟是别人的平台，而App是自己的地盘，这种自主性是微信公众号、微博等第三方平台所比拟不了的。

③ 互动性强：通过App可以与用户进行各种互动，比如即时对话等。

④ 随时服务：因为现在用户几乎都是24小时不离手机的，所以一旦App被用户下载到手机上，就意味着也会24小时跟随左右。

⑤ 用户黏性高：一旦用户下载App到手机，那么持续性使用成为可能。如果App的内容或功能能够得到用户的认可，那其黏性是特别高的。比如微信，我们的生活几乎已经离不开它了。

理论上来说，大部分企业和行业，都适合App营销。但在实际操作中，App营销是有一定门槛的，并不是所有的企业都适合（单纯地在其他App上做广告除外，这里说的App营销主要是指企业开发属于自己的App）。因为App的开发是需要一定的资金投入，这种投入在十几万元到几百万元不等。而且App开发好后，还需要再投入费用进行升级、运营和推广，这就需要有团队对App进行维护、后续开发及日常运营，所以如果企业的资金和人员不足，就不太适合开发App。千万不要以为App看起来功能很简单，找个外包团队就能轻松开发一个。开发App程序的花费或许不多，但其实开发出来不是重点，运营好、让更多的人使用才是重点。

2. App营销的模式

在不同的App中营销需要使用不同的模式，下面简单介绍一下App营销的几种模式。

(1) 广告营销

在众多功能性App和游戏App中，植入广告是最基本的模式，广告主通过植入动态广告栏链接进行，当用户点击广告的时候就会进入指定的界面或链接，可以了解广告详情或者是参与活动。这种模式操作简单，适用范围广，只要将广告投放到那些热门的、与自己产品受众相关的应用上就能达到良好的传播效果。推广目标主要是提高品牌知名度和吸引更多用户注册。

(2) App植入

① 内容植入。如曾经流行的"疯狂猜图"游戏就是很好的内容植入的成功案例。该游戏融入广告品牌营销，把Nike、IKEA之类的品牌作为关键词，既达到了广告宣传效果，又不影响用户玩游戏的乐趣，而且因为融入了用户的互动，广告效果更好。所以企业最好是选择与自己用户群贴近的App进行广告投放，这样的广告既能给用户创造价值，不会引起用户反感，点

击率也会比较高,能达到更好的广告效果。

② 道具植入。比如在人人网开发的人人餐厅这款 App 游戏中,将伊利舒化奶作为游戏的一个道具植入其中(如图 3-21 所示),让消费者在游戏的同时对伊利舒化奶产品产生独特诉求、认知与记忆,提升品牌或产品知名度,在消费者心中树立企业的品牌形象。同时 App 的受众群体较多,这样直接的道具植入有利于提升企业品牌的偏好度。

图 3-21 伊利舒化奶道具植入

③ 背景植入,奖励广告。例如开心网当年最火的抢车位游戏,一眼看去,最突出的就是 MOTO 手机广告,将 MOTO 的手机广告作为停车位的一个背景图标,这无形中植入了 MOTO 的品牌形象。游戏中还提到"用 MOTO 手机车位背景,每天可得 100 金钱",这样的奖励广告,鼓励游戏玩家使用该背景,这些奖励当然是真的,但这确实是企业的广告。再例如开心消消乐的游戏,把扫码领苹果作为用户分享推广游戏的一种奖励手段(如图 3-22 所示)。

图 3-22 开心消消乐游戏扫码领苹果

(3) 用户营销

用户营销模式的主要应用类型是网站移植类和品牌 App 类,企业把符合自己定位的 App 发布到 App 应用市场内,供智能手机用户下载,用户利用这种 App 可以很直观地了解企业的信息。用户是 App 的使用者,手机 App 成为用户的一种工具,能够为用户的生活提供便利。这种营销模式具有很强的实验价值,让用户了解产品,增强对产品的信心,提升品牌美誉度。如通过定制《孕妇画册》App 吸引准妈妈们下载,提供孕妇必要的保健知识,用户在获取知识的同时,不断强化对品牌的印象,商家也可以通过该 App 精准地发布信息给潜在客户。

相比植入广告模式,用户营销具有软性广告效应,用户在满足自己需要的同时,还获取了品牌信息、商品资讯。从费用的角度来说,植入广告模式采用按次收费的模式,而用户参与模式则主要由客户自己投资制作 App 实现,相比之下,首次投资较大,但无后续费用。而营销效果取决于 App 内容的策划,而非投资额的大小。

(4) 内容营销

它是指通过优质的内容,吸引到精准的客户和潜在客户,从而实现营销的目的。如"汇搭"通过为消费者提供实实在在的搭配技巧,吸引有服饰搭配需求的用户,并向其推荐合适的商品,这不失为一种商家、消费者双赢的营销模式。

如《宝宝树》App,它可以提供孕妇不同时间需要注意的事项,吃的、穿的、用的各方面信息都齐全。虽然这些信息通过百度也都能查到,但《宝宝树》App 把这些信息集合到了一起,以时间轴的形式提供给用户,节省了用户大量搜索时间。

活动 4　社交媒体营销

所谓社交,是指社会上人与人的交际往来,是人们运用一定的方式(工具)传递信息、交流思想,以达到某种目的的社会各项活动。社交软件即帮助人与人建立联系的软件。

1. QQ 营销

(1) QQ 营销的特点

① 用户群大。作为我国最大的即时通信软件,QQ 的注册用户已经超过 10 亿,同时在线用户突破 2 亿,QQ 已经成为网民的必备工具之一,上网没有 QQ,就如现实中没有手机一样。从营销推广的角度来说,用户覆盖率如此之大、用户如此集中的平台,是必须要好好研究并加以利用的。

② 精准推广。QQ 的特点是一对一交流及圈子内小范围交流(群交流),而这种交流方式,可以让我们对用户进行更加精准和有针对性的推广,甚至可以根据每个用户的不同特点进行一对一的沟通。这种特点,是其他推广方式所不具备的。

③ 操作简单。与其他营销推广方法的专业性和繁杂程度相比,QQ 推广真的非常简单。只要会打字、会聊天,就可以成为一名 QQ 推广高手。

④ 推广成本低。QQ 推广的实施非常简单,准备一台可以上网的电脑,再申请一个免费的 QQ,就可以马上操作了。申请 QQ 会员,都已经算是大投入了。和其他动辄几十万上百万的营销项目相比,几乎是零成本。

⑤ 持续性强。由于QQ推广的第一步是先与用户建立好友关系，所以我们可以对用户进行长期、持续性的推广。这个优势，是其他营销推广方式所不具备的。比如网络广告，很难知道是谁看了、是男是女、叫什么名字，以及看完后有何感受。而在QQ上，我们明确地知道用户是谁，可以第一时间获得反馈。

⑥ 效率高。由于QQ推广的精准性与持续性，它最终的转化率要高于一般的网络推广方法，节省了大量的时间与精力，提升了工作效率。

(2) QQ适合什么样的推广

虽然QQ推广的适用性高，但是针对不同的企业与产品，效果也不一样。

① 针对特定人群推广。对于受众人群集中，且喜欢在QQ群中交流的人群，使用QQ推广是一个非常不错的选择。比如地方性网站、行业性网站，这类网站的目标用户特别喜欢在QQ群中讨论和交流。再比如减肥、时尚、IT、汽车等产品，也非常适合QQ推广，因为这类产品的用户，也非常热衷于加入QQ群。

② 针对固定人群推广。有些产品头疼的不是推广，而是如何增加用户的回访率、转化率。比如一些黏性较低的网站，用户可能几个月才登录一次，而时间一长，就会把该网站淡忘。在这种情况下，就可以通过建立QQ群来提高黏性。先建立网站官方QQ群，然后将用户都引导进群里面。这样即使用户一年不登录网站也没关系，因为我们已经将他们牢牢地抓在了手里。只要他们看到群，就会加深对网站的印象。当网站有活动或新信息时，就可以通过群来引导用户参与。

③ 低流量指标推广。对于网站推广，流量是考核推广人员的重要指标之一。但是注意，如果网站流量指标很高，那么就不适用于QQ推广。因为QQ推广很难带来大量的流量，它更适合一些低流量指标的推广。比如企业网站，对流量要求非常低，随便在几个群里推广一下，就能达到指标要求。

④ 推广有针对性项目。对于一些简单、明确、针对性强的产品和项目，非常适合QQ推广。比如一篇文章、一个专题、网络投票、线下活动聚会等。

⑤ 对现有用户进行维护。如何维护好现有用户？如何提高用户的满意度？这些都是营销人员头疼的问题。而通过QQ维护用户效果非常好。比如建立官方QQ群，通过群来指导用户使用产品，通过群来与用户加强联络、增进感情等。

⑥ 对潜在用户的深入挖掘。做营销与销售的都知道，衡量一名销售人员是否优秀，不是看开发了多少新用户，而是让多少新用户变成了老用户，让多少老用户重复消费。而对于网络营销来说，挖掘老用户最好的工具之一就是QQ。

(3) 手机QQ营销法

QQ有PC端和手机QQ两个版本，这两个版本的功能是有差异的。手机端独有的一些功能，特别是基于LBS定位的一些功能，PC端是没有的。而这些功能对于营销是很有帮助的。

① 导入手机好友。手机QQ，可以直接将手机通讯录中的号码导进QQ。例如可以先找到大量目标用户的手机号码，然后将手机号码导入手机通讯录，再导进QQ。

② 添加附近的好友。手机QQ，可以实现查找和添加附近好友的功能，这个功能与微信查看附近的人类似。对于要求针对精准目标地区人群进行推广的企业，非常适合。

③ 添加附近的群。除了添加附近的好友外，手机QQ还可以基于地理位置添加附近的QQ群。

④ 热聊。热聊功能,有点像聊天室,聊天室的主题以周边的地标性建筑为主题,如热点小区、大厦等。

⑤ 约会。这个功能也是基于地理位置的,我们可以发起约会,然后周边的 QQ 用户即可看到,若有人有兴趣,就会联系。当然,也可以筛选感兴趣的约会去参加。

⑥ 活动。约会功能是一对一的,如果想一对多,就需要用到活动功能了。通过活动功能,可以发起活动,或者参加附近的活动。

⑦ 兴趣部落。兴趣部落有些类似于百度贴吧,通过手机 QQ 可以关注附近的部落,也可以输入关键词搜索部落。当然,也可以申请属于自己的部落,申请网址是 http://buluo.qq.com。

(4) 如何查找目标群

如何才能找到大量的目标 QQ 群呢? 方法主要有以下四种:

① 通过 QQ 群平台。腾讯有一个官方的 QQ 群平台,那里汇聚了所有的 QQ 群,网址是 http://qun.qq.com,如图 3-23 所示。

图 3-23 QQ 群平台

② 直接搜索。打开搜索引擎,通过相关的关键词搜索查找群。

③ 登录相关的网站、论坛查找。很多行业性网站、论坛,都会建立大量的官方 QQ 群。比如大家想加与营销推广有关的 QQ 群,就可以直接到"推一把"网站或者"推一把"论坛查找。

④ 顺着群里的线索挖。如果以上三种方法你都不喜欢用,那么可以用最传统的方法,找人推荐。比如先找到目标群,与群成员建立良好关系后,再让群内的朋友推荐其他群给你,如此反复循环。

2. 陌陌营销

虽然没有任何一款 IM 软件可以与 QQ 相提并论,但这并不表示 QQ 是唯一一款 IM 软件。除了 QQ 以外,IM 营销其实还包括很多,例如陌陌。

陌陌是基于移动互联网的专注于 LBS 的陌生人之间的社交媒体软件,现已发展为全国排名前三的移动社交软件,仅次于腾讯 QQ 与微信。现在陌陌注册用户已经超过了 2 亿人,同时月活跃用户高达 6 500 多万,是国内移动互联网用户每日打开率排名第二的社交媒体软件。

(1) 陌陌的特点

根据陌陌产品的整体定位与营销策略,陌陌爆发主要集中在新浪微博。陌陌在产品渠道拓展之初,在两个大的用户集中平台选择做营销与渠道推广,经过几番用户群体的筛选后,最终陌陌的用户群体定位与新浪微博的用户群体吻合,将所有用户定位在 20—39 岁。特点有如下几个:

① 专注于周边 5 千米范围社交的社会化媒体平台。其针对本地周边类商家营销有着强大的优势,也是国内第一款能够专注于周边用户的 App。

② 构建陌生人之间的社交。相比同类 App 如微信、米聊、来往、易信而言,其更容易帮助陌生人构建社交关系,即其他产品更倾向于维护关系,而陌陌更倾向于建立关系。

③ 用户群体比例比较均衡。年龄定位在 20—39 岁,更偏向年轻化,因为大部分用户直接通过微博转换,用户群体质量相比 QQ 用户群体较高。

④ 用户群体的真实性高。陌陌属于非常年轻的产品,目前广告信息相比其他平台要少很多,陌陌用户群体的真实性要高于其他平台。

⑤ 全新推出针对周边的营销平台"到店通"广告信息直接出现在附近用户中,可以非常好地影响周边的用户群体。

⑥ 陌陌群围绕着周边用户群体的需求构建圈子平台,所以更便于附近用户加入,配合严格的广告管理机制,可快速了解周边用户群体的核心需求,建立联系与沟通。

⑦ 陌陌营销与其他营销方式相比,成本几乎为零,非常适合周边开店,以及围绕本地环境销售产品。

(2) 陌陌营销要怎么做

陌陌营销的核心应该是重社交、轻广告,必须要让人知道你是干什么的,同时让更多的人愿意和你建立联系与沟通,并且能够通过平台建立好友关系。

对于陌陌营销,如果仅仅通过发布广告信息就希望能够销售产品,那么基本上不会有任何效果,所以无论销售任何产品,一定要注意社会化媒体平台的核心,不是发布广告,而是建立沟通与联系。首先就要抛开商人或者销售人员的身份,要忘记你是销售产品的,而是培养用户与建立关系的。

(3) 陌陌营销适合的产品

陌陌营销定位于周边、年轻人,并结合用户群体的核心心理和行为。

① 男性类产品(烟、酒、保健品等)。

② 附近生活的商品(社区周边的店铺)。

③ 年轻化的娱乐产品(KTV、酒吧、娱乐会所、餐饮等)。

④ 大众需求的产品(大众需求产品称之为"人人都有需求,人人都能够用得到"的商品,这类商品分为日常生活类、快消品类)。

⑤ 可选需求的产品(可选需求产品称之为人人都有需求,但是不是马上需要,或者自己没有需求,但是身边的人有需求,如装修、房产、婚庆、婚纱、保险等)。

(4) 如何利用"到店通"进行营销

陌陌的基本功能与 QQ、微信差不多,营销方法和策略也都差不多,比如昵称及头像的设置策略、群策略等。这里重点介绍一下陌陌独有的功能:到店通。

"到店通"是陌陌转型 O2O 平台的第一个主打产品,主要是为周边线下商家提供展示、预约的平台空间。凡是成功申请了"到店通"的会员,都将展示在附近好友板块中。

1) 陌陌"到店通"产品介绍

① 精准的定时定向投放:商家依据预算,将推广诉求精准触达周边目标消费群。
② 丰富细致的效果展示:商家信息多维度诠释,为用户消费决策提供依据。
③ 与目标顾客实时沟通:搭建商家与消费者互动平台,拉近客群关系。
④ 极低的广告投放费用:海量的曝光次数,广告按照覆盖人数计费,最低至 0.1 元。
⑤ 简单方便的投放流程:整个广告投放流程全部可以在手机上操作完成,高效、便捷。

2) "到店通"开通流程(如图 3-24)

① 打开陌陌,选择"更多""设置"页面,点击"到店通申请"进入申请流程。
② 网签陌陌"到店通"服务用户协议(点击"同意"即可)。
③ 填写本人联系方式。
④ 单击"提交"后,可等待陌陌推广区域代理商联系,也可以主动联系所在区域代理商咨询合作事宜。

图 3-24 到店通申请流程

3) "到店通"广告投放流程

① 设置广告内容:点击设置页面中的"商家中心",进入商家中心详情页,点击"广告投

放"在没有广告在线的情况下,点击右上角的"添加"进行广告内容设置。

② 推广语:最多填写不超过 12 个中文字符,以 10—12 个字为宜,内容体现商家促销活动或新品推荐。

③ 广告代码:默认内容为"广告"字样＋日期,可自定义编辑易于识别的内容。

④ 广告图片:默认读取商家主页中前 5 张图片内容。如需调整,可点击页面下方的"修改资料"按钮,在商家主页中编辑或添加图片。

⑤ 设置广告投放条件:广告内容设置完毕后,点击"下一步"进行广告投放条件设置。

⑥ 选择广告投放时间:最多可选择投放 19 天,广告投放的起始时间为每日 6 时。

以上内容设置完成以后,系统将自动匹配出最小投放 1 km 范围内,可以覆盖到的陌陌日活用户数量,并显示出用户需要支付的广告金额。用户还可以针对广告投放的时间段,如上午(6—4 时)、下午(14—22 时)、晚间(22 时至次日 6 时),调整广告投放的半径距离,最大可调整至 3 km,点击"完成"生成广告订单。用户确认广告预览样式,以及投放广告周期和金额后,即可提交并付款。广告需要至少 3 个小时的审核时间。

小提示

1. "到店通"按照每个覆盖用户 0.1 元(目前折扣价为 0.02 元)计算得出广告费用。覆盖人数＝过去一个月内在此区域刷新附近列表的用户÷30 天,每天附近列表刷新的用户有一定的波动,所以同样的投放距离及天数费用有一定的波动。

2. 投放中的广告不能进行修改或取消。如确因内容会造成不良影响必须取消修改的,可由工作人员与法人联系核对身份信息,确认后强制终止广告,产生的广告费用不予退还。尚未生效的待投放广告,商家可自行取消后重新编辑修改内容。

4)"到店通"投放策略

① 图片为高清大图,从店铺招牌、产品细节到项目团队。

② 每周更新最新产品及业务。

③ 定期到留言板更新店铺现场火爆的氛围、顾客的反馈、优惠政策等信息。

④ 增加附加功能,以及附加的业务,如免费 Wi-Fi、预订预约、刷卡支付等业务。

⑤ 每天根据投放推广效果进行测试与分析,围绕着用户群体每日在线时间,有针对性地投放广告。

⑥ 开设陌陌专享优惠,用于吸引用户到店了解和在线下单。

活动 5　自媒体营销

自媒体(We Media)又称"公民媒体"或"个人媒体",是指私人化、平民化、普泛化、自主化的传播者,以现代化、电子化的手段,向不特定的大多数或者特定的单个人传递规范性及非规范性信息的新媒体的总称。自媒体平台包括:博客、微博、微信、百度官方贴吧、论坛/BBS 等网络社区。

1. 自媒体的特点

(1) 平民化、个性化

2006年底,美国《时代》周刊年度人物评选封面上没有摆放任何名人的照片,而是出现了一个大大的"You"和一台PC(如图3-25所示)。《时代》周刊对此解释说,社会正从机构向个人过渡,个人正在成为"新数字时代民主社会"的公民。2006年度人物就是"你",是互联网上内容的所有使用者和创造者。

从旁观者转变成为当事人,每个平民都可以拥有一份自己的"网络报纸"(博客)、"网络广播"或"网络电视"(播客)。媒体仿佛一夜之间飞入寻常百姓家,变成了个人的传播载体。人们自主地在自己的"媒体"上想写就写,想说就说,每个草根都可以利用互联网来表达自己想要表达的观点,传递自己生活的喜怒哀乐,构建自己的社交网络。

图3-25 美国《时代》周刊封面

(2) 门槛低、易操作

对电视、报纸等传统媒体而言,媒体运作无疑是一件复杂的事情,它需要花费大量的人力和财力去维系。而且一个媒介的成立,需要经过国家有关部门的层层审核,要求严格,门槛很高。然而,在这个互联网文化快速发展的时代,我们坐在家中就可以看到世界上各个地方的美丽风景,可以欣赏到最新的流行音乐,可以品味到各大名家的激扬文字……互联网似乎让一切皆有可能,平民大众建立一个属于自己的"媒体"也成为可能。

在新浪博客、优酷播客等提供自媒体的网站上,用户只需要通过简单的注册申请,根据服务商提供的网络空间和模板,就可以利用版面管理工具,在网络上发布文字、音乐、图片、视频等信息,创建属于自己的"媒体"。进入门槛低,操作运作简单,让自媒体大受欢迎,发展迅速。

(3) 交互强、传播快

没有空间和时间的限制,任何时间、任何地点,我们都可以经营自己的"媒体",信息能够迅速地传播,时效性大大增强。作品从制作到发表,其迅速、高效,是传统的电视、报纸媒介所无法企及的。自媒体能够迅速地将信息传播到受众中,受众也可以迅速地对信息传播的效果进行反馈。自媒体与受众的距离几乎为零,其交互性的强大是任何传统媒介望尘莫及的。

2. 主流的自媒体平台

(1) 微信公众平台

微信公众平台于2012年8月23日正式上线,简称WeChat,曾命名为"官号平台"和"媒体平台",最终定位为"公众平台"。在推出公众平台的时候,微信已经有了亿级的用户,挖掘自己用户的价值,为这个新的平台增加更优质的内容,形成一个不一样的生态循环,是微信公众平台发展初期更重要的方向。微信公众平台利用其本身的自媒体活动,支持企业和个人进行一对多的媒体活动。同时,其通过接入第三方服务平台,为公众号运营者提供更多形式的增值服务。

优点：自主性强——只要不违反公众平台的规定，作者可以根据自己喜好发布自己的内容，平台不会做过多干涉；私密性强——作者发布的文章，除订阅用户外，其他人看不到其内容。作者还可以选择将一篇文章编辑成素材以后，不推送出去，只有得到文章链接的用户才能阅读此文章，而其他人，包括订阅用户都无法看到该内容；互动性强——作者可以选择把一篇文章推送给所有订阅用户，也可以选择推给其中的一部分人或某一个人。读者可以通过公众平台给作者留言，作者也可以有选择性地回复，这些信息也都是保密的。

缺点：私密性强导致了微信公众平台的内容并不完全公开，非公众号关注用户在其他人不转发的情况下，没有机会看到公众号里的内容，公众号里的内容同样不对搜索引擎开放，通过百度搜不到其内容。这种半封闭的体系导致作者想提高公众平台上的阅读量变得很困难，只能通过自己优质内容引起用户转发来提升阅读量。

(2) 今日头条

今日头条是一款基于数据挖掘的推荐引擎产品，为用户推荐有价值的、个性化的信息，是国内移动互联网领域成长非常快的平台。由国内互联网创业者张一鸣于 2012 年 3 月创建。截止到 2016 年 5 月，今日头条累计激活用户数已达 4.8 亿，日活跃人数超过 4 700 万，月活跃人数超过 1.25 亿，单用户每日使用时长超过 62 分钟。其中，"头条号"平台的账号数量已超过 12 万个，"头条号"自媒体账号总量超过 8.5 万个，与今日头条合作的各类媒体、政府、机构等总计超过 3.5 万家。

今日头条目前比较容易申请，但新申请的用户是"新手期"，每天只能发布 1 篇文章。正常用户每天可以发布 5 篇文章。也有一些媒体合作账号，可以每天发布几十篇文章。在今日头条发布的文章，可以在文章结尾加一些自己的推广信息，这是很多自媒体不允许的。

优点：与微信公众平台不同，今日头条是一个完全开放的平台，不但搜索引擎可以搜到，还专门针对搜索引擎做了优化，使得搜索体验更友好。所以今日头条发布的内容，除了在其客户端可以浏览，在计算机上也可以浏览。今日头条的用户量非常大，一篇优秀的文章很容易获得几十万的阅读量。今日头条智能推荐引擎可以根据文章标题和内容对文章栏目进行自动分类。例如，一篇关于财经方面的文章，想放在科技类别下发表，今日头条会自动将文章分类改成财经类。

缺点：今日头条文章阅读量由其推荐量和阅读率决定，如果今日头条通过自己的引擎计算，认为文章质量不高，会不给推荐。这种情况下，不仅在客户端无法看到内容，搜索引擎也不会收录。不被今日头条推荐的文章，即使经过修改，也不会被头条推荐。今日头条会要求文章是首发，如果能在搜索引擎中搜到已在其他网站发布过，头条审核的时候一般不会给通过，即使通过也不会推荐，阅读量一般会比较低。

小知识

"新手期"头条号想转成正式用户，有两种方式：

1. 平台会根据每个头条号的情况不定期选择一些新手号给予转正；
2. 今日头条有头条指数，每个月中至少有一天头条指数达到 650 分、推荐文章不少于 10 篇。

(3) 网易号媒体开放平台

网易号媒体开放平台中的文章可以出现在网易新闻手机客户端中。作为老牌门户网站，网易新闻有一批忠实用户。据官方公布的数据，截止到 2015 年 9 月，网易新闻客户端平台累计用户量已经达到 3.6 亿，月活跃量突破 1 亿。

网易号媒体开放平台申请比较容易，但申请通过后，并不表示发布的文章马上可以被用户浏览到，必须先发布 3 篇以上的文章，然后申请上线，通过审核以后才可以。

网易号媒体开放平台审核时给出的提示时间是 3 个工作日，但实际其审核速度非常慢，甚至有很多自媒体作者遇到申请一个月没有任何回复的情况。网易号媒体开放平台每天发布的文章数并没有明确限制。

优点：网易号媒体开放平台依靠网易原有的影响力和用户基础，App 用户量非常大。同时，网易号媒体开放平台有 RSS 抓取功能，可以自动从其他自媒体后台抓取文章，省去了用户手动更新的烦恼。

缺点：网易号媒体开放平台在网易内部也承载着很多内部产品的营销功能，所以对于在网易号上的自媒体作者而言，很大一部分自媒体得不到平台的推荐。同时，网易号自媒体平台并没有提供客服联系方式，如果有问题，用户很难与平台建立联系。这些缺陷也直接导致网易号自媒体开放平台的发展速度落后于今日头条、搜狐自媒体等自媒体平台。

(4) 知乎专栏

知乎是一个真实的网络问答社区，用户分享着彼此的专业知识、经验和见解，作为问答类平台，其内容要比百度知道、问答更专业化，聚集了一大批行业精英。知乎网站 2010 年 12 月上线，刚开始的时候采用邀请制注册方式，2013 年 3 月向公众开放注册。知乎专栏在 2016 年初上线。

优点：由于知乎本身用户群相对更高端，行业精英，甚至很多公司的 CEO 也都在知乎有专栏，通过优质内容可以得到更多业内人士的认可。如果想通过文章积累行业人脉，在知乎上写专栏、回答问题会是不错的选择。正是因为有优质内容，知乎的百度权重也非常高，如果是为了做 SEO 优化，建议大家选择这个平台。

缺点：如果行业经验少，文章质量一般，或是观点不够突出，在知乎上很难找到真正认同的人。知乎专栏上线时间较短，并没有太多的后台功能，更多还是知乎本身的功能。

除了以上这些平台外，还有一点资讯、凤凰自媒体开放平台、淘宝头条、简书、界面、UC 订阅号等很多自媒体渠道。另外还有门户网站的博客、和讯网博客。如果写作的主题是电商方面，还可以在派代网上发布，效果也不错。因为每个平台都有自己不同的用户群，所以如果想做自媒体，就要把所有能注册的渠道都申请，每天同步发文章。

活动 6　微商城和微店

微店，是零成本开设的小型网店，属于第三方 App 软件的一个功能，没有资金压力，没有库存的风险，没有物流的烦恼，只需利用碎片时间和个人社交圈就可进行营销推广。缺点是店铺与顾客基本上没有互动，店铺商品不能与活动、粉丝结合，营销活动难以产生效果，加上微店依靠的客户来源较为局限，需要在朋友圈与朋友的朋友间进行推广，而这种营销方式一直遭受唾弃，不利于后期的发展，微店功能比较局限。

作为移动端的新型产物，任何人通过手机号码即可开通自己的店铺，并通过一键分享到SNS平台来宣传自己的店铺并促成成交，降低了开店的门槛和复杂手续的复杂性，回款为1—2个工作日，且不收任何费用。微店每天会自动将前一天的货款全部提现至店主的银行卡，让店主及时回款（一般1—2个工作日到账）。

1. 微店的基本功能

① 商品管理：轻松添加、编辑商品，并能一键分享至微信好友、微信朋友圈、新浪微博、QQ空间。

② 微信收款：不用事先添加商品，和客户谈妥价钱后，即可快速向客户发起收款，促成交易。

③ 订单管理：新订单自动推送、免费短信通知，扫描条形码输入快递单号，管理订单事半功倍。

④ 销售管理：支持查看30天的销售数据，包括每日订单统计、每日成交额统计、每日访客统计。

⑤ 客户管理：支持查看客户的收货信息、历史购买数据等，可分析客户喜好，有针对性地进行营销。

⑥ 我的收入：支持查看每一笔收入和提现记录，账目清清楚楚。

⑦ 促销管理：设置私密优惠活动吸引买家，商品价格更加灵活。

⑧ 我要推广：多种推广方式，给店铺带来更多的流量，提高销售额。

⑨ 卖家市场：批发市场、转发分成、附近微店、全面提升店铺等级。

2. 申请微店

① 注册成功后进入主页面，可以看到如图3-26所示微店管理页面。在此页面可以看到

图3-26 微店主页面

微店的基本功能：客户、商品、订单和收入、消息、推广、经营分析、商学院、服务、货源、供货等。

② 点击店铺名称后可进入微店管理页面（如图 3-27 所示）。在这里可以看到微店管理的主要功能：打理店铺、装修市场、素材中心、店长笔记、微信收款、店铺活动、交易设置（如图 3-28 所示）、店铺资料等。

图 3-27 店铺管理页面

这些信息非常关键，店铺的名字要能抓住消费者的眼球，店铺介绍既要涵盖店铺销售的商品又要突出特色。店铺的 Logo 甚至比店铺的名字还要重要，一个好的 Logo 能起到宣传店铺、吸引消费者的作用，最重要的是让人记住，看到此图标就联想到本店。同时要绑定 QQ、微信，以便在多平台营销。

③ 店铺的基本资料完成后，单击"保存"按钮，退出回到主界面，单击"商品"管理，设置自己的商品属性及价格等信息。如图 3-28 所示，先设定商品分类，然后在每一类下面再添加商品。

④ 添加商品。进入商品添加页面，上传商品照片。可以即时拍照，也可以从相册选择，同时设定商品的价格、商品分类、有无打折、是否推荐、是否包邮等信息。如果自己暂时没有货源，也可以选择"前往选货中心"，挑选合适的货源上架销售，如图 3-29 所示。完成后单击"保存"按钮。按照此方法依次输入微店的所有商品。

⑤ 微店分享。单击"微店分享"，则页面下方出现微博、微信、QQ 空间等媒介，选择其中之一，分享微店，如图 3-30 所示。

拓展任务 1

看看教材中提到的微信常用功能，你是不是都了解了？如果还没有用过这些功能，请你拿出你的手机尝试一下这些功能，并且想想这些功能如果用于移动营销，可以怎么利用？

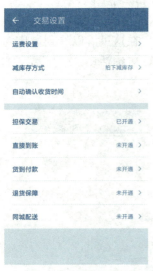
图3-28 交易设置页面

图3-29 添加商品页面

图3-30 分享微店

拓展任务2

用微信关注如下公众号：肯德基、邮政速递便民通、大众点评、7天酒店家族、百果园、一条。分组讨论，这些企业的公众号，都有哪些好用的功能？使用了哪些营销手段？这些营销手段能给企业的经营带来哪些好处？每组派一个代表总结发言。

拓展任务3

看看你手机中已安装的App，是否有用到App营销的手段？请你举1—2个例子说明它们是如何具体开展App推广营销的。

拓展任务4

下载并安装"今日头条"App，注册并登录。然后每天都使用"今日头条"浏览你自己感兴趣的内容。在下次课的时候，打开"今日头条"App，和你同组的同学对比一下，你们看到的推荐内容有什么不同？分析一下，为什么会出现不同的内容？

拓展任务5

通过对移动营销案例的体验和分析，掌握移动营销的价值。

1. 拿出手机。
2. 扫描题目右侧的二维码。扫二维码后你将看到的是2016年网易新闻刷屏力作。
3. 看完后请你对其进行评价和分析，把结果写在下表中。

创意	评分(10 分为满分):
刷屏力	评分(10 分为满分):
你认为本作品利用了移动互联网的哪些优势?	
你认为本作品给你印象最深的地方是什么?	

项目练习

1. 单选题

(1) 移动营销,也称为手机互动营销或( ),手机广告或者无线广告是移动营销的一部分,但通常和一定营销概念重合比较大,目前,业内主要的说法一般用"移动营销"。
　　A. 无线营销　　　　B. 终端营销　　　　C. 设备营销　　　　D. 社会媒体营销

(2) 移动增值业务,又叫无线增值业务,是建立在移动通信网络基础上的,主要是指( ),本质上,一项增值业务本身是一项移动应用。
　　A. 由运营商提供的除短信外的那些数据服务,如语音。
　　B. 由运营商提供的除语音外的那些数据服务,如短信。
　　C. 由运营商提供的除短信外的那些数据服务,如音乐。
　　D. 由运营商提供的除语音外的那些数据服务,如图片。

(3) 移动电子商务促使移动营销和( )的整合。
　　A. 网络营销　　　　　　　　　　　　B. 传统营销
　　C. 精准营销　　　　　　　　　　　　D. 绿色营销

(4) 微信营销是( )公司推出的一款网络快速发送语音短信、视频、图片和文字,支持多人群聊的手机聊天软件。
　　A. 新浪　　　　　　B. 搜狐　　　　　　C. 腾讯　　　　　　D. 金山

(5) 以下针对移动营销中的微信营销说法正确的是( )。
　　A. 微信公众号倾向于企业,用来做品牌和推广,维护老客户,吸引粉丝,从而发掘新客户
　　B. 微店都是通过微信开设的
　　C. 朋友圈营销倾向于团体,现在许多中小卖家用朋友圈来向朋友卖货,通过"熟人"关系的购买率十分高,也被称之为"熟人经济"
　　D. 微信平台就是移动电商

(6) 以下针对移动营销中的微博营销表述正确的是( )。
　　A. 微博粉丝众多当然是好事儿,但是,对于微博营销来说,内容评论数量更重要
　　B. 现在微博用户以亿计,那些能对用户创造价值内容的微博,自身价值才会不断提高,微博营销才可能达到期望的商业目的
　　C. 微博就像一本随时更新的电子杂志,想让大家养成观看习惯,维持微博的活跃度,就要不断更新内容
　　D. 微博的魅力在于阅读,拥有大量的忠实粉丝是很重要的

(7) 移动商务从本质上归属于（　　）的类别。
　　A. 通信技术　　　　　　　　　　B. 网络技术
　　C. 电子商务　　　　　　　　　　D. 无线通讯

2. 多选题
(1) 移动互联网营销是整体解决方案，包括多种形式如（　　）。
　　A. Banner 广告、插屏广告　　　　B. 全屏广告、二维码
　　C. H5 互动广告、流媒体　　　　　D. 短信、彩信
(2) 移动互联网营销的目标是（　　）。
　　A. 增大品牌知名度
　　B. 收集客户资料数据库
　　C. 增大客户参见活动或者拜访店面的机会
　　D. 改进客户信任度和增加企业收入
(3) "微网站"作为移动互联网时代下的一种新型的信息传递模式，具有（　　）等方面的优势。
　　A. 内容精简　　　　　　　　　　B. 操作简单
　　C. 受众精准　　　　　　　　　　D. 易于互动
(4) 移动互联网营销的优势以下说法正确的是（　　）。
　　A. 费用非常低廉，与传统媒体动辄上几十万甚至上百万的广告费用相比，利用短信发布企业广告的成本几乎可以忽略不计。
　　B. 打破传统传播媒体定价的行规，企业能够定好自己的支出预算，定向定条发送给目标客户，传播形式时尚、新颖。
　　C. 具有很强的散播性，速度快，一分钟即时发送，一瞬间万人传播。接收者可将信息随身保存，随时咨询企业，需要时可反复阅读，并可随时发送给感兴趣的朋友。
　　D. 可以让机主与销售终端互动，与大众媒体互动，通过这些使手机用户参与到商业互动中，使人们参与互动的机会大增。
(5) 移动互联网营销可以通过以下哪种渠道进行营销活动？（　　）
　　A. 微信　　　　B. 微博　　　　C. BBS　　　　D. 博客
(6) 以下关于微博营销的特点描述正确的是（　　）。
　　A. 发布门槛低，成本远小于广告，效果却不差
　　B. 传播效果好，速度快，覆盖广
　　C. 针对性强，利用后期维护及反馈
　　D. 多样化，人性化
(7) 以下选项属于移动电子商务特点的是（　　）。
　　A. 移动性　　　　　　　　　　　B. 个人性
　　C. 随身性　　　　　　　　　　　D. 商务性
(8) 在移动电子商务营销的时候，利用二维码营销的优势是（　　）。
　　A. 运营成本低，效果好
　　B. 创意广告，实现精准营销
　　C. 跨越线上线下空间的立体营销

D. 能够与传统的广告、企业活动宣传完美的结合
(9) 二维码营销中,常见的二维码通过被用作( )。
　　A. 对App进行下载　　　　　　　B. 进行关注
　　C. 付费　　　　　　　　　　　　D. 维护客户关系
(10) 以下哪些功能是属于"微信"的?( )
　　A. 拍照功能　　　　　　　　　　B. 聊天功能
　　C. 朋友圈　　　　　　　　　　　D. 摇一摇
(11) 在运用朋友圈进行营销时以下哪些是非常重要的?( )
　　A. 好友数量　　　　　　　　　　B. 与好友彼此的信任
　　C. 发送营销消息的数量　　　　　D. 营销内容是否有趣
(12) 服务号偏重服务,那么服务号更加适合哪些服务类行业?( )
　　A. 电信运营商　　　　　　　　　B. 餐饮企业
　　C. 银行服务　　　　　　　　　　D. 航空公司
(13) 以下哪些方式属于服务号的推广方式?( )
　　A. 专业文章推广　　　　　　　　B. 朋友圈转发推广
　　C. 搜索引擎营销　　　　　　　　D. 官方平台推荐

3. 简答题
(1) 微博的定义是什么?移动端微博和PC端微博有什么不同?
(2) 移动端微博都有哪几种微博平台?
(3) 移动端微博相较于PC端微博有哪些特点?
(4) 什么是朋友圈营销?朋友圈营销有哪些优势?

4. 拓展阅读
(1) 2017上半年亚太区移动广告数据报
　　(http://www.199it.com/archives/636042.html)
(2) Fiksu:手机营销策略指南
　　(http://www.199it.com/archives/380777.html)
(3) InMobi:2017年化妆品移动营销洞察报告
　　(http://www.199it.com/archives/632388.html)
(4) 通过互联网查阅以下相关资料:
　　① 中国移动电子商务发展情况。
　　② 中国移动电子商务细分行业应用。
　　③ 中国重点城市移动电子商务发展情况。

项目四 移动营销策略与方法

项目目标

通过本项目的学习,应达到以下目标:
◇ 掌握微信号运营的基本方法
◇ 掌握微信号运营的常用工具
◇ 了解微博营销的策略、运营规划
◇ 掌握企业微博推广的方法
◇ 了解微博运营的常用工具
◇ 了解自媒体定位的方法
◇ 了解自媒体营销的策略
◇ 掌握自媒体常用写作技巧

任务 1　微信营销方法

任务描述

小明注意到,通过微信号开展营销活动,是现在很多个人和企业都喜欢采用的推广手段。但是微信营销要达到好的效果,也需要掌握一定的方法和技巧。通常需要先对微信号的形象进行包装设计,找准公众号的定位,还要掌握常用的微信排版工具和微信运营工具,知道如何增加粉丝量、提升阅读量、提升转发率的技巧。

任务实施

活动 1　微信个人号运营方法

1. 微信形象设计

微信个人号好比是一张个人的微名片,别人可以通过观察微信昵称、头像、签名,以及图片判断你可能是一个怎样的人,进而产生他愿意和你接触的可能性,所以做好个人微信号的形象设计是很有必要的。

(1) 头像的设计

头像是用户对个人微信号的第一印象,所以一定要用心设置。设置头像有以下几点需要注意:

1) 图像清晰,辨识度高

① 头像一定要保证清晰,不清晰的头像容易让人产生隔阂感。

② 图片背景要尽量干净,背景元素不能过多,否则容易喧宾夺主。

③ 图片的背景色和头像要有明显的色彩对比,辨识度才会高。

④ 头像和背景的比例要合适,人物在画面中不能太小。

⑤ 图片要适当裁剪,但不要压缩、变形。

2) 真实可信

很多人喜欢在网络上搜索美女、帅哥的图片作为自己微信号的头像,如果微信号是用于运营的话,还是建议使用真人头像,因为真实头像照片能够给人带来较高的信任感。

头像的照片可以适当作美颜处理,但是要把握尺度分寸,不要过度美化。真实、美好、能体现个人气质的头像才会给用户带来好印象,让他们信任你,更愿意和你交谈。

3) 符合职业形象

一般情况下,头像风格的选择要尽可能贴近自己的职业形象,使用一些无具体意义的图片或者网络搞笑图片做头像难免会给自己的形象和专业度减分。

(2) 微信号的设计

1) 微信号的设计

微信号是微信唯一的 ID,设置后不能再进行修改,微信号如果不好记、不好拼,就会带来一些麻烦,所以在设计微信号的时候尽可能避免以下情形:

① 太长、无明确意义的字母组,不好记忆。

② 无明确意义的数字长串,不好识别。

③ 有短杠、下划线或特殊符号,不好输入。

一般来说,以下几种设计是比较好的:

① 名称全拼音。微信号尽量与自己的微信昵称或相关名称保持一致。

② 绑定手机号。将手机号关联自己的微信,让别人通过手机号就能找到你。

③ 系列化命名。如果有多个微信号,可以系列化设置,方便矩阵化运营,如"全拼名称01""全拼名称02"等。

2) 个性签名的设计

个性签名在新添加好友的时候被看到的几率很大,会直接影响着新增好友的通过率,因此设计一个好的个性签名也很重要。

个性签名最多可以设置 30 个字,风格可以严肃也可以幽默,关键是展示自己的个性与特点。个性签名的设计应注意以下两点:

① 忌空。不要空着,空着个性签名会让人感觉像是一个没有诚意的僵尸号。

② 忌硬。避免生硬的广告,带广告的个性签名会让人有警惕心,好友通过率特别低。

(3) 朋友圈的设计

朋友圈中发布的状态就是关于一个人的各种信息碎片,这些碎片会随着一张张图片、一段段文字、一条条转发散布在朋友圈里,把这些碎片拼合起来,哪怕没有见到本人,也能差不多看出个大概。

朋友圈的行为有发布、转发、评论、点赞等,这些行为都可以用来塑造个人形象。

1) 通过朋友圈了解对方

朋友圈这类交流平台改变了我们的生活方式,人们可以随时随地晒美食、晒幸福,但朋友圈也暴露了很多人的秘密。想要进一步了解一个人,可以看看他平时都在朋友圈发什么、发多少、何时发。

① 发朋友圈的内容。

若朋友圈中经常发一些四处游玩的风景、与朋友们的合影,说明这是一个爱玩爱旅行的人;还有的人在朋友圈中每天必发自己的宠物,说明这是一个喜爱小动物的人。所以从一个人发布的内容题材就可以看出他的兴趣爱好、性格特征或者工作内容。

如频繁晒自拍的人可能性格外向、自信,喜欢对外界展示自己。如朋友圈的内容都是自己的原创,从不复制粘贴别人东西的人一般来说有一定才华,为人处世有自己独立的见解。

如经常发跟工作内容有关的东西,一般来说这种人一定是以工作为重心的,因为把社交工具都当作发展工作的平台了,也说明他们会利用身边一切可以利用的资源来完成工作。

如经常在朋友圈中宣泄情绪、对生活和社会现象有很多抱怨不满的人,一般来说内心不够强大,容易受到外界压力的影响却无力去改变什么,唯一能做的就是通过朋友圈这个窗口去发泄。

我们通过一个人的朋友圈,可以初步了解一个人,这样日后在互动时就可以有很多话题。

② 发朋友圈的频率。

朋友圈中状态更新的频率也能看出一些信息。

除了微商,普通人不会一天发几十条朋友圈信息。所以频繁发朋友圈的人,一般来说要么工作比较清闲,要么生活中一定非常希望得到关注。而很少发朋友圈的人一般为人处世比较低调,但发布少也不代表他不看朋友圈。一个人如果发朋友圈大都是关于自己的东西,很少发关于其他人的东西,可能这个人比较以自我为中心。

③ 发朋友圈的时间。

一个人在朋友圈活跃的时间段一般是这个人比较清闲的时间段,所以从一个人经常发朋友圈的时间,可以看出他的作息特点。

④ 转发朋友圈。

如果一篇文章真的写得非常好,可以评论赞美,也可以收藏留存下来学习,那为什么要转发呢?转发与评论、点赞、收藏等行为是有本质不同的,后三种主要代表着想深入互动、简单赞美刷存在感这样的需求。转发行为的背后更多的是向外界表达转发的内容并阐述自己的观点、立场和态度。从一个人喜欢转发的内容里也可以看出这个人的价值观、世界观倾向。

⑤ 评论点赞。

喜欢评论别人的动态、为别人点赞的人,一般来说对生活有热情,很容易满足,也很乐观。他们在人际交往中有更多发言权,而且善于和别人交流。相反,极少与别人互动,即使别人评论了自己也较少回复的人,大多比较内向,或者工作太忙。

2）如何在朋友圈发内容

在人际交往中，人们通过朋友圈恰当地向别人展示自己的形象，所以朋友圈形象管理是一个非常重要的窗口。

网上有个笑话说，有人在朋友圈卖东西，开始时完全没人搭理他，但他仍每天坚持上货、拍照、修图，然后发到朋友圈，坚持了整整一个月，功夫不负有心人终于有了回报——所有人都把他拉黑了。

在发朋友圈的过程中，一定要放弃推销思维，不能一加好友就发广告，第一句就是"求转发"，一入群就是发广告，这些都是让人反感、没有礼貌的做法。

朋友圈营销的注意事项和推广技巧有以下几点：

① 广告不能太生硬。

朋友圈是私人社交空间，如果总是看到有人发硬广，大家对这个人的印象分会下降。在微信朋友圈里做营销，不建议只是单纯发产品广告，还要穿插一些其他类型的内容。即使是要发产品的广告，也不要太生硬。例如结合自己或朋友们的经历，说说产品的故事，就是一种不错的方式。像产品说明书一样的广告只会让人感到厌烦。

② 刷屏不能太频繁。

即使你的朋友圈广告有效，也要克制自己发广告的冲动。如果你经常发广告刷屏，很可能被朋友拉黑，得不偿失。微信朋友圈和淘宝不一样，逛淘宝就是为了买东西，推销产品大家是可以接受的。微信朋友圈是社交分享互动的空间，大家在里面是看信息，不是为了买东西。微信朋友圈营销的真正精髓是通过分享内容建立信任，水到渠成地去销售产品。在朋友圈需要先打造个人形象，通过有温度、有情怀、有趣味的方式来与客户做朋友。反之，如果急功近利地"刷屏朋友圈"，只认利益不认人，口碑很容易就毁掉了。

③ 文章不能太长。

我们平时看朋友圈是手机小屏阅读，大多数人缺乏读长文的耐心。不要把朋友圈当成展示平台，诱发评论、私聊、点开文章等互动才能创造真正的沟通机会。需要把内容写得轻松有趣，引发大家去互动，了解更多信息。

④ 刺激冲动消费。

大部分用户在朋友圈阅读速度非常快，如果信息不能很快对他形成刺激，就会淹没在众多的朋友圈消息之中。如果要在朋友圈中促成购买，那么快速形成购买冲动非常重要。

选择多不一定是好事，在心理学上这种现象叫做"决策瘫痪"，指选择过多的情况下，人们会因为对比选项耗费的精力过多而最终放弃做决策。

朋友圈中的交易经常是一瞬间发生的行为，为了促进购买决策的速度，有以下两个关键点。

首先，要精简产品种类、减少选择，杜绝"决策瘫痪"。有很多网店都会策划"爆款单品"，也是基于这个原因。其次，客单价最好不要过高。产品的客单价最好不超过200元，超过200元的产品通常销量不太好。因为200元是一个门槛，可以称为"试错成本"。客单价越高，试错成本就越高，客户购买的时候考虑的因素就会变多。

2. 如何添加更多微信好友

(1) 导入通讯录好友批量添加

微信好友最直接的一个来源就是原有的好友圈、人脉圈，这些原有的人际关系一般都会沉淀在通讯录中。微信支持导入通讯录好友,只需单击"添加朋友"→"手机联系人",就可以添加手机通讯录中开通微信的朋友了,如图4-1所示。

图4-1 导入通讯录好友

不过要注意,并不是说只要有了对方的电话号码就可以搜到他的微信号,能够用手机号码搜到微信的前提是在"隐私"中开启了可通过手机号添加我。所以如果你想让别人用手机号码搜索到你,必须要开启这个设置,如图4-2所示。甚至可以关掉"加我为朋友时需要验证"这个设置,这样别人添加你微信的时候,不需要经过验证即可直接与你进行对话。

图4-2 开启可通过手机号添加我的微信

(2) 扫二维码加好友

一般大家最习惯的是通过"我"→"我的二维码"调出自己微信的二维码,如图4-3所示。也可以直接在"添加朋友"中单击二维码的小图标直接调出二维码,如图4-4所示。由于

图4-3 微信二维码名片

手机信号或者交际场景的约束,有时候不方便掏出手机扫码加好友,而社交场景中必不可少的就是与他人交换名片,所以完全可以在名片上附上自己的微信二维码,如图4-5所示。

图4-4 微信二维码名片　　　　　　　　图4-5 名片二维码

(3) 微信"发现"新朋友

在微信的"发现"选项卡中有"摇一摇""附近的人""漂流瓶"等随机添加陌生人为好友的功能,如单击"附近的人"就可以显示附近正在使用微信的人,单击右上角的"…"还可以对这些人进行筛选,如图4-6所示。

(4) 社交平台引流

可以在所有活跃的社交平台,如微博、QQ、人人网、知乎、美拍等留下自己的微信号,只要乐于互动,喜欢分享,会有很多人想进一步认识你,进而通过搜索微信号加你为好友。

另外,在电子邮件落款处也可以留下微信号方便别人添加,而且可以精心设计一个落款模

图 4-6　微信"附近的人"

板,在电子邮箱的功能中设置好,以后写邮件的时候可以自动加上,省事又高效。

(5) 通过社群加好友

一个群少则几十人,多则数百人,所以微信群是一个非常好的加好友入口。但是一般人也不会随便通过陌生人加好友的申请,所以平时应该先在群里多展示自己,让群里的成员对你有印象、有好感,加好友的时候就很容易通过,甚至可以吸引别人来主动加你。

通过微信群加好友有一个好处,那就是相对精准。因为大多数群都是基于某一个共同的兴趣、关系、特征而聚集在一起的,如妈妈群、购物交流群等,所以有针对性地进群,找到自己的目标客户就是不错的策略。

(6) 线下引流

如果有机会可以多参加一些同学聚会、同行聚会、线下论坛、行业交流等线下活动,参加的时候多和参加活动的人交流,建立关系,询问他们的微信号,这种方式添加的人黏度也很高,毕竟大家有一面之缘,信任度高。

如果有实体店铺,那就不要浪费线下的资源与优势,一定要想办法让来店里的客户留下联系方式,哪怕是通过送小礼物或办会员卡的方式,让别人关注你的个人微信。

微信本身还有一些高效建群的手段,例如雷达加好友、面对面建群等。假设多个人聚会,想要互加好友,就需要多次相互扫码,很不方便。但如果大家同时单击"雷达加朋友",就会扫描出此刻一定距离内打开雷达的好友,然后只需单击头像即可批量添加,如图 4-7 所示。

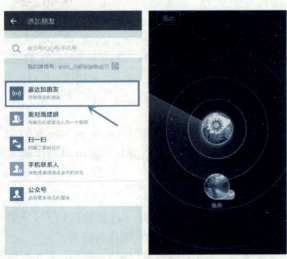

图 4-7　雷达加朋友

或者，大家只需打开"面对面建群"，输入同样的 4 个数字，例如"5678"，这时输入这四个数字的人就会即时进入一个微信群中，如图 4-8 所示。

图 4-8　面对面建群

(7) 有奖活动

可以直接利用奖品激发别人做推荐，这种方式见效最快。最简单的方式是直接用奖品换好友。如果想一些有创意的活动，也可以起到不错的效果。例如集赞活动，由于参与者需要朋友帮忙点赞，因此必须发动自己身边的朋友圈去加活动发起人的微信号。

3. 如何在朋友圈做活动

朋友圈如果有足够多的好友，也可以利用朋友圈策划活动，让大家参与并主动转发到自己的朋友圈，基于社交能量去传播。如果想在微信朋友圈上策划一场活动，并且让活动取得一定成效，也需要进行系统策划。

(1) 活动形式

常见的微信朋友圈小活动有哪些形式呢？

1) 转发

如图 4-9 所示，通过奖品福利促使微信好友转发，基于传播结果获得一定的回报。

2) 集赞

① 集赞获取礼物。

将某特定内容发到朋友圈集齐一定数量的赞来获得某福利，如图 4-10 所示。

② 集赞定向发红包或送礼。

在活动发起人的朋友圈下点赞，特定规则下的点赞者获得某福利。注意活动截止时间，或者多少位截止要

图 4-9　转发活动

图 4-10 集赞活动

提前说清楚，然后再把点赞截图、中奖的人名单发布到朋友圈证明其真实性。

③ 集赞抵现金或送代金券。

集齐一定的赞可以抵消某产品消费现金或送代金券，最主要目的其实还是促进产品的销售。

3）试用

购买 A 产品可免费试用 B 产品，只需要填写一份试用报告，反馈试用效果即可退还邮费。或者直接付邮试用，只需要试用后填写试用报告，即可免费领取一定金额的代金券，用于下次购买产品使用。

4）筛选

说明一定要求，请满足要求的人点赞，由此筛选出自己需要的人群，进行进一步的后续安排，如图 4-11 所示。

5）引流

通过朋友圈的小活动获取的奖品需要到线下店铺或者其他平台领取，如图 4-12 所示。

图 4-11 通过活动筛选人群

图 4-12 通过活动线下引流

(2) 活动预热

在开展朋友圈活动前,最好能提前在朋友圈预热。如可以提前一至三天在朋友圈预告,先采用神秘的方式告知,在前一天才透露。预告时最好告知活动内容、活动时间、参与方式,最好还要公布奖品,因为这是吸引参与的重点。

在活动正式开始前的一小时尤其重点预热,以达到一个好的宣传效果。预热时要积极和微信好友进行互动,让他们对活动产生兴趣;互动时还要保持一定的神秘感,给用户留下一些期待的空间。

当然,活动预告除了在朋友圈推广之外,还可以在微信群、QQ群、微博、QQ空间等渠道去推广,以达到更好的效果。

(3) 活动公布

经过预热和宣传,朋友圈已形成了一定热度。要想提高大家的参与热度,在活动公布的时候,要注意以下几点:

1) 主题要鲜明

活动必须要有一个主题,如"评论就有奖""三八节美丽专场"等,让人家一看就知道是什么活动,以及有什么好处。吸引人们关注微信,主题非常重要。

2) 内容要简洁

在微信上发布活动,字数不要太多,内容要言简意赅,文字建议控制在150字以内,这样可以完整显示,若超过150字,就会只显示一行字,这样就很难一下子阅读完整,阅读体验不太好。

如果文字功底不强,做不到精彩绝伦,至少要做到信息简明扼要,一目了然。如图4-13所示的这个案例,"集赞送高端女鞋"把活动形式说明放在最前面,竖线后面是活动主题"爱在女人月",参与方式是"请为我点赞",字数不多,但是信息清晰、完整。

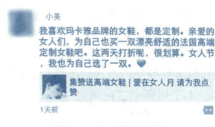

图4-13 发布活动

3) 流程要简单

在朋友圈开展活动,不能太复杂,要尽量简单,参与及评选都要简单,因为很少有人愿意花太多精力去参与复杂的活动。

4) 时机要斟酌

发布朋友圈活动,要选择目标人群大量在线且有时间刷屏的时间段,效果会更好。例如,在晚上9点以后发布活动,在线人数多,刷屏时间充足,而且如果活动受欢迎也有二次扩散传播的时间。

(4) 活动监测

活动开始后,要随时关注大家的参与情况和反馈意见。例如活动过程是否有什么问题、流程是否顺畅、参与度是否高等,要根据实际情况进行调整和应对。

所以在活动开展前,最好要制定几套应对方案,以备出现意外情况时可以及时调整和应对,让活动的效果更好。

(5) 活动总结
1) 效果评估
不论是为了促销还是互动或是为自己增加好友数量,活动开始之后都一定要时刻注意目标的实现效果,如果不满意,要思考是不是可以及时补救;如果效果超出预期,要思考是不是要趁热打铁再开展一轮活动。

2) 复盘总结
活动结束后要对整个过程进行复盘总结,把好的经验及时记录下来。

活动 2　微信公众号运营方法

1. 公众号的定位

想将公众号用好,用出效果,难点不在于基本操作,而在于思路和方法。那企业如何才能将公众号用好呢?第一步是先进行公众号的定位。

对于微信公众平台的定位来说,首先要面对的就是使用什么类型的公众号。

(1) 订阅号应用场景
1) 宣传推广企业
如果企业的公众号以宣传推广为主,例如宣传企业文化、品牌及最新动向,那意味着定位是为粉丝提供新闻资讯,首选应该是订阅号。

2) 分享交流资讯
如果你想利用公众号跟粉丝分享或交流最新的产品、要闻或者最新资讯,讨论粉丝关注的话题,那么还是订阅号更适合。因为订阅号每周发送量多,这样才能有更多机会为粉丝提供各种信息,服务号的推送频率就满足不了这方面的需求。

(2) 服务号应用场景
1) 产品销售
服务号有支付功能,订阅号没有。所以如果是想销售产品,就必须使用服务号,而且要想尽一切办法让用户关注服务号而不是订阅号。

2) 提供服务
如果是想为会员提供服务,那肯定得选服务号了,因为很多功能只有服务号有而订阅号没有。

(3) 企业号应用场景
企业号常用于企业内部文化建设,主要是为了企业内部员工培训、通知下发等使用。企业号有人数限制,每个关注用户都需要经过确认,未经确认的人无法关注企业号。

(4) 公众号的类型
1) 品牌型公众号
品牌型的公众号更多是侧重于展示,其定位核心与品牌型网站很像,目的是为了让目标用户全面地了解企业,对企业有深入和深刻的认识。对于有品牌展示、业务展示、产品展示等需求的企业,非常适合开通公众号。

如果是展示企业的品牌,关键是要将品牌的核心展示出来,例如品牌故事、品牌背景、品牌文化等(如图4-14所示)。如果是展示企业的形象,关键是要将企业的实力、企业的背景、团队的风貌、团队的文化、公司的发展故事等展示出来。

如果是展示业务产品,关键要将业务的差异化展现出来。企业的业务或产品,与同行相比较有什么不同,具有什么独一无二的特点和属性。如图4-15、图4-16所示分别是餐饮企业与电子产品公司的官方公众号。

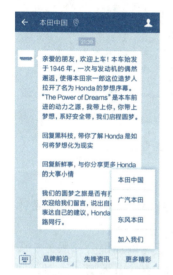  

图4-14　汽车制造企业公众号　　图4-15　连锁餐饮企业公众号　　图4-16　电子通讯企业公众号

2)"吸粉"型公众号

"吸粉"型公众号的目的就是为了聚集潜在用户。通常这类账号仅从表面观察,是看不出来与企业有什么联系的。如图4-17所示的公众号,名字叫"健牧跑步",表面上看像是个自媒体账号,因为其定位和内容,完全是围绕跑步运动展开的。而实际上,这是一家从事文化传播的有限公司的公众号,背后其实是运动健康产业的运作。

通过这个案例可以发现,"吸粉"型公众号的特点是围绕目标用户的需求来设计,公众号涉及的主题内容,一定是用户喜欢的,甚至用户会主动去寻找的内容。内容的来源,是原创还是转载不重要,关键是要符合用户需求和喜好。

3)销售型公众号

移动电子商务发展迅猛,用户在移动端购物的习惯正在逐步养成,所以公众号也可以作为一个销售平台来使用(如图4-18所示)。

销售型公众号,与销售型网站的建设和运营理念是相通的。一个销售型的公众号,要具备以下几个要点:要将产品独特的卖点、优势展示出来。要让用户对企业、产品产生信任。通过页面使用户对产品产生强烈的购买欲望,促成销售。如果用户不主动成交,那就引导用户咨询或留下联系方式。要设计能够引导用户口碑传播的策略及内容。

图4-17 吸粉型公众号

图4-18 销售型公众号

4）服务型公众号

服务型的公众号是为了给用户提供优质的服务而创建，目的是为了增加用户的消费体验或产品体验，继而提升口碑、增加黏性、产生复购（如图4-19所示）。

这个服务可以是售前服务、售中服务，也可以是售后服务，甚至可以提供公众服务。服务内容方面，需要企业根据自身实际的业务情况、用户需求及公司的条件而策划。比如咨询服务、答疑服务、投诉服务、报修服务、各种查询服务、产品真伪验证服务等。

不管服务内容如何设计，其核心主旨应该是为了让用户满意，而不是为了盲目追赶潮流。基于此原则，设计服务内容时可以把握以下两个方向：

① 原先通过线下或互联网上提供的服务，如果能用移动互联网的形式使之更快捷，让用户体验更好，那就移动互联网化。比如投诉报修、产品真伪验证等，在手机端操作就更方便和快捷。

② 结合移动互联网的新特性、新技术、新优势，设计一些新的服务。比如对于连锁类的企业，就可以利用移动互联网的定位技术，设计寻找附近的分店、寻找附近的客服、寻找附近的服务人员等功能。

5）媒体型公众号

媒体型公众号，旨在将公众号当成一个媒体去打造和运营。通常各种媒体的官方公众号，都是属于此类（如图4-20所示）。对于想打造自媒体的企业或个人，也适合用这种类型。

但是媒体型公众号也是最难建设的。要想将一个公众号打造成媒体的效果，像媒体那样有影响力，并不比打造一本刊物容易。应该说核心的理念、思想、流程是差不多的，只不过在操作上要比制作传统刊物简单些，不像传统刊物那样要约稿，要进行复杂的排版、印刷、发行等。

图 4-19　服务型公众号

图 4-20　媒体型公众号

要打造一个媒体型的账号,首先要确定目标受众。即公众号是给谁看的,想要影响谁。其次是围绕目标受众的特点和需求,明确媒体属性。就像传统媒体那样,定位是全国性媒体,还是地方媒体;是综合媒体,还是行业媒体;是新闻媒体,还是文学刊物,或者是娱乐刊物。再次是内容方向。以做新闻为例,定位是财经类新闻为主,还是时事新闻为主,或是娱乐新闻为主。最后是特色内容的打造。任何一个有一定知名度影响力的媒体,一定要有自己的特色或主打产品。例如湖南卫视是以娱乐节目为主,主打产品有最早的《快乐大本营》,后来的《超级女生》,现在的《歌手》等。

6) 矩阵型公众号

矩阵型公众号,是指围绕企业的情况,建设一系列的账号,集团作战。在矩阵的建设上,根据需求和目的的不同,分为以下几种:

① 品牌矩阵。

如果企业的品牌比较多,可以以品牌为单位,每一个品牌都建设一个公众号,形成品牌矩阵群。

② 区域矩阵。

区域矩阵,就是以区域为单位进行矩阵建设,适用两种情况:第一种是企业在各地有子公司,以子公司为单位进行建设;第二种是针对目标用户或业务类型,以地区+名字,进行矩阵建设,比如北京旅游、上海旅游、成都旅游等。

③ 业务矩阵。

根据公司的实际业务或产品,进行矩阵建设。例如创维集团旗下的公众号有创维电视、创维设计、创维电器、创维团购、创维学院、创维照明、创维直销部、创维环境电视、创维光电、创维白电、创维盒子、创维数字等几十个公众号。

④ 用户矩阵。

围绕用户的需求,建设一系列公众号,比如化妆品企业可以建立护肤宝典、明星美容秘籍、化妆方法大全等公众号,与用户分享各种技巧干货。这些公众号可以看起来和企业没关系,但要和企业有一定相关性。在账号运营过程中,要保持中立姿态,但又能将企业的理念植入并升华,润物细无声地影响用户。

2. 公众号的建设

公众号明确定位之后,接下来就要进行账号的建设。公众号的名字很重要,好的名字,可以对公众号的运营和推广起到锦上添花的作用。而不恰当的名字,则有可能制约公众号的发展。

(1) 取名的方法

① 直呼其名法:对于企业的官方公众号、形象公众号、品牌公众号等,可以直接采用企业或品牌的名字作为公众号名字。

② 形象比喻法:比喻法的核心是通过比喻的方式,将公众号具象成某个现实中的事物。例如,电影类的公众号可以叫"电影铺子",摄影类的可以叫"摄影笔记"等。

③ 反问强调法:以提问的方式,引起用户兴趣,同时起到强调账号定位的作用。例如,"今晚看什么""今天吃点啥""怎么多赚钱"等。

④ 功能作用法:此方法的核心是直接将账号的作用或提供的服务,作为名字。例如,"酒店助手""航班助手"等。

⑤ 特色定位法:直接将账号的核心定位或特色,作为公众号名字。例如,"小道消息""冷笑话精选""为人民服务""丁香医生"等。

⑥ 行业地区法:以行业或地区作为账号的名字,例如,"北京美食推荐""厦门漫步"等。

(2) 取名的禁忌

在实际取名时,不要拘于一格,越有创意越好。不过在发挥创意时,也要注意避免以下几点:

① 不符合用户搜索习惯:公众号的名字,应尽可能符合用户的搜索习惯,可以增加用户主动搜索关注的概率,不符合用户搜索习惯的名字,很容易让用户放弃搜索。

② 不能直观体现账号定位:账号的名字,最好是直接能够体现账号的内容定位和特色。简单地说,就是让用户一眼能明白你是干什么的,能给用户带来什么。如果名字不够直观,很容易让用户觉得自己找错了,从而失去用户。

③ 使用生僻字词:生僻的字词,不利于用户理解,也不利于用户搜索。一时理解不了可能就不会关注,同时更不利于传播。

④ 过于天马行空:取名字要发挥创意,但是也不能天马行空到没有限度。无论什么创意,一定要能落地,要和账号的定位能联系上。例如取个名字叫"么大达",谁能理解这是做什么的呢?除非这已经是知名品牌,否则从营销的角度来说,真的不是一个好名字。

⑤ 名字过于宽泛:太宽泛的名字,会显得过于普通和没有特色,对用户几乎没有吸引力。例如,直接将"美食"作为账号名称,就不如"吃喝梦工厂""孤独的美食家"的名字更加有针对性和独特性。

⑥ 不注意用户承受能力:公众号名称可以前卫大胆一点,但是注意不要太出格,要考虑到用户的承受能力,要符合微信公众号的相关规定,不可低俗或没有底线。

(3) 公众号介绍设置要点

公众号介绍看似只是短短一两行字,很简单,但是对公众号的推广影响很大。因为当用户搜索到一个公众号之后,首先映入眼帘的正是公众号的介绍(如图4-21所示)。此时,好的介绍会吸引用户看完了之后关注。差的介绍,会让用户选择忽略。

图 4-21　公众号的介绍

撰写公众号介绍,其实也不难,只要把握住以下两点即可:

① 要有一定的"干货"。一些企业公众号的简介,就是单纯的公司业务介绍或经营范围介绍,没有吸引力。最好是能突出公众号的定位、特点,说明可以帮助用户解决什么问题等。从人性的角度来说,只有当用户认为这个账号能给他带来帮助或好处时,才愿意主动关注。

② 文字越有个性越好。文字越有个性,越容易引发关注,像幽默的文字、犀利的文字,都很容易吸引眼球。例如,一个名为"小道消息"的公众账号简介就非常有意思:"只有小道消息才能拯救中国互联网,只有小道消息才能拯救中国创业者。哦,当然这是一句玩笑话。这里为你分享一些我对互联网的思考和观点,别的地方可能没有的东西。"

(4) 公众号栏目菜单设置要点

公众号认证后,可以设置栏目菜单(如图 4-22、图 4-23 所示)。这个功能非常重要,如果设置得当,可以增加用户的体验,提升用户黏性。

图 4-22　百果园公众号栏目菜单

图 4-23　海尔客服公众号栏目菜单

栏目菜单按照目前微信的规则,可创建最多3个一级菜单,每个一级菜单下可创建最多5个二级菜单。一级菜单最多4个汉字,二级菜单最多8个汉字。

设置栏目有以下几个要点:

① 栏目要围绕用户的需求和兴趣来设计。

② 具体操作时,先头脑风暴,把所有能够分析到的、符合用户需求的栏目名称都列出来。头脑风暴过程中,可以多多借鉴其他公众号甚至网站的栏目设置。

③ 所有栏目列出来后,进行优先级排序,分析哪个是用户最想要的,哪个是第二想要的。

④ 留下优先级最高的15个栏目,如果不足15个,则建议留空,宁缺毋滥。

⑤ 将15个栏目进行组合,因为腾讯的规则是3个一级栏目,每个一级栏目下5个二级栏目。注意,无论怎么组合,一定要符合用户查找内容的逻辑。

3. 公众号的运营方法

(1) 排版的技巧

好的排版不但可以提高文章的阅读体验,增加文章的可读性,还可以形成个性化风格,这是从形态上和其他公众号区别的关键。

1) 排版工具

微信编辑器只能进行简单的内容排版,如果希望有丰富的样式效果,或者想要提高排版效率,推荐使用第三方微信排版工具。

① 秀米编辑器。

秀米编辑器(xiumi.us)是相对来说容易上手的微信编辑器,它的界面友好(如图4-24所示),推荐新手入门使用。秀米2.0版本增加了更多贴心的设计,不仅满足新手需求,而且可以进行自由编辑,满足更多设计需求。

图4-24 秀米编辑器挑选风格排版界面

功能亮点：

a. 秀米的菜单栏很简洁，只有最常用的功能，界面清新友好。

b. 独特的布局功能、独立预览链接、杂志风样式、操作便捷易上手。

c. 秀米提供的模板质量也不错（如图4-25所示），可以进行单模板编辑，单击模板自动浮现编辑栏。2.0版本还增加了"布局排版"功能，可对选中模板进行自由调整，满足设计需要。

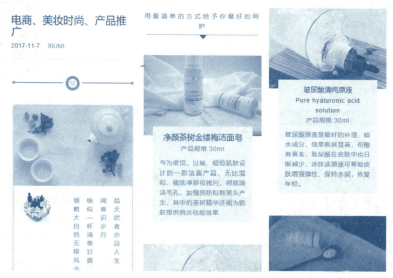

图4-25 电商美妆产品推广模板

d. 秀米可以设计文章被用户分享后的效果，还有"另存图文给用户"发至指定邮箱、"生成长图"等小功能供选择。

e. 秀米的收藏功能针对单模块和整体图文，收藏后可以反复使用，减少重复编辑的次数。

不足之处：

a. 秀米的浏览器兼容性较差，使用谷歌浏览器最稳定。如果复制文章到其他浏览器，可能会出现效果无法正常显示的情况。

b. 样式不足，很多功能隐藏深，官方教程不够丰富。

c. 图片编辑功能有较大的不足，免费且低级的用户可存储的图文数量少（需要通过邀请用户提高等级），上传图片比较麻烦，需添加图片链接。

d. 秀米采取的是单模块编辑模式，所以进行整体修改时需要手动更改每个模板。在用秀米进行排版前，最好有一个清晰的排版规划，避免重复修改。

② 135编辑器。

135编辑器（www.135editor.com）界面如图4-26所示。

功能亮点：

a. 大部分功能免费，会员便宜，云端草稿。

b. 模板样式非常丰富，基本的图标样式都有，而且更新的速度快。

c. 自带"一键排版"功能，适合新手操作，可以对空行、图片、标点进行批量更改。

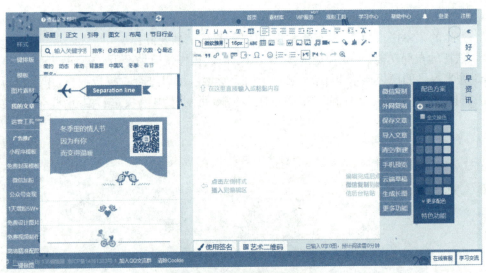

图 4-26 135 编辑器主界面

d. 整体编辑很方便,粘贴后可以进行清除格式、设置行距等操作,支持文章导入。

e. 精心排版的文章可以做成图片发微博,发朋友圈,或者不会 PS 可以用这个实现作图功能。

不足之处:

a. 每次进去页面都有广告弹出,30 秒后自动关闭。

b. 虽然提供很多模板,但质量参差不齐,需要挑选。模板套用容易出问题,修改也比较麻烦。

c. 免费用户可使用的功能少,比如多公众号运营、定时群发、恢复历史版本和云端草稿等功能需要额外付费才能使用。

③ i 排版编辑器。

i 排版(ipaiban.com)的设计和运营都非常用心,是口碑很好的一款微信编辑器,界面如图 4-27 所示。

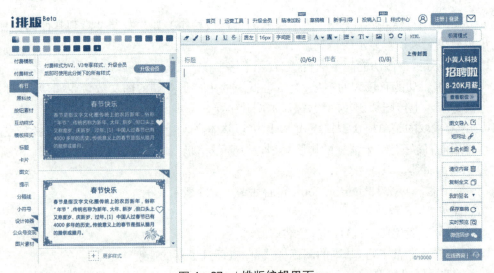

图 4-27 i 排版编辑界面

功能亮点：

a. 仅提供基础服务，操作简单，适合对编辑功能要求不高的用户。

b. 提供新手运营建议和基础排版教程。

c. 会根据节假日和季节推出特定的模板。

d. 有很多符号和小图标，非常简洁有特点，适合形成公众号风格。

e. 编辑菜单还可以插入表格，HTML 源代码编辑也简单易上手。

不足之处：

保存草稿后再编辑进行另存就会直接覆盖原稿，无法收藏已编辑好的文章。

表 4-1 三种编辑器的对比

	135 编辑器	秀米	i 排版
模板	☆☆☆	☆☆☆	☆☆
文字编辑	☆☆	☆☆☆	☆
段落编辑	☆☆	☆☆☆	☆☆
图片编辑	☆☆☆	☆	☆
导出	☆☆☆	☆☆☆	☆☆

以上这三个排版工具就是目前使用范围较广的。编辑器也可以综合使用，在不同的编辑器中分别挑选出适合自己的样式，在微信后台中组合成完整的模板，以后的图文直接套用即可。

小提示

以下微信编辑器也有各自的特色：

易点编辑器：http://wxedit.yead.net/

新榜编辑器：http://edit.newrank.cn/

96 微信编辑器：http://bj.96weixin.com/

小蚂蚁微信编辑器：http://www.xmyeditor.com/

2）排版规范

前面介绍的微信排版工具，虽然功能强大、便捷，但工具毕竟是工具，决定微信排版精美程度的不是使用了哪款工具，而是图文混排的美感。排版的时候可以参考以下规范：

① 排版基础元素。

a. 字体。

在微信文章排版中，微信后台默认的字号是 16 px，但目前一般流行的是正文 14 px，这个字号看上去既清晰也显得精致，但字号最好不低于 12 px。

标题要比正文的字号大，一般可以选择 18 px，建议不要超过 20 px。

b. 行距。

微信后台默认的行间距是 1，视觉上会感觉有点拥挤，所以为了更加舒适的视觉效果，使用 1.75 比较好,也有一些公众号会使用 1.5 倍和 2 倍的行间距,可以视情况灵活选择。

c. 段距。

在微信中,由于手机屏幕尺寸较小,和 PC 端以及书本的阅读体验感不一样,所以一般采取首行不缩进的方式,并且使段落之间空一行,阅读体验感最佳。

文章不要大段堆砌文字,要多分段或者用小标题区分,这样的阅读体验才会更舒适。

d. 边距。

边距指的是文字和屏幕边缘之间的距离。在两侧留白,可以使视线移动范围减小,读起来更轻松。在图书排版中都会设置文字和纸张的边距,让页面看起来更舒服。在微信的后台编辑器里并没有做区分,很多人也忽略了这一点。

为了更好的阅读体验,可以设置调节边距数据。在 i 排版微信编辑器中可以用"缩进"选项进行设置,一般设置的值可选择 0.5 或 1.0。

e. 颜色。

字体颜色默认是黑色,但是纯黑色在手机屏幕上显示时会觉得刺眼,相较之下灰色就柔和多了,所以一般推荐以下几个灰色系的色号:3f3f3f、595959、888888。

f. 篇幅。

文章的字数建议不超过 2 000 字,篇幅较长读者会看不下去,且中间最好搭配相关图片,以缓解纯文字阅读的疲劳。

g. 封面图。

微信后台规定,头图的比例是 900 像素×500 像素、次图的比例是 200 像素×200 像素。所以在挑选图片的时候,要尽量符合这两个比例。

h. 指引。

文章中的配图最好能够配有说明文字,这样会有指向性,例如可以使用类似"▼""▲"的指向性符号,或者用 10 px、12 px 的文字在图片下方做出说明,指明出处等,如图 4-28 所示。

用线条和符号引导视线,可以让文章的阅读体验更舒适,如图 4-29 所示。这些符号在

图 4-28 配图结合指向性符号

图 4-29 引导视线符号的使用

i 排版编辑工具中可以找到,一些输入法软件的符号中也有。例如以下符号是使用频率比较高的:

"△▽▲▼▷◁▶◀↖↑↗←→↙↓↘"等各种方向的箭头可以引导视线。"☞"可以引导点击。

"ⅠⅡⅢⅣⅤⅥ"这些罗马数字比较优雅复古,这些符号在搜狗输入法的"特殊符号"中全部都有,输入很便捷。

i. 二维码。

公众号被推荐或者文章底部求关注的时候一般都会放上二维码。在一般的文章中,二维码过大会看着不美观,而二维码缩小后有可能导致扫不出来。所以需要自己重新处理,按照43像素的整数倍缩放。以二维码边长 8 cm 为例,下载像素为 258×258,可以通过 Windows 系统自带的"画图"工具打开直接更改像素大小。

在公众号没有获得原创功能之前,是没有超链接功能的。而且就算有原创功能,具备的也是内部链接,只能链接该公众号之前发布过的文章。

所以一般情况下都选择"阅读原文"作为外部链接的入口,但如果一篇文章有多处链接怎么办呢?只能转化成文本格式,让用户自己复制再粘贴到浏览器中,但是这样的转化率又大大降低。所以这个时候最佳的方式就是将链接转制成二维码,如图 4-30 所示。不论是分享公众号名片还是在一篇文章中需要外链跳转,都可以将二维码作为中间桥梁,用户只需"长按二维码"即可跳转。

图 4-30 二维码外链

最常用的是草料二维码生成器(http://cli.im/),输入所要的内容,即可一键生成二维码,如图 4-31 所示。

但这个时候会发现所生成的二维码看起来非常密集,不美观也不容易扫码,这是网址过长的原因。其实网址过长带来的结果不仅使生成的二维码密集,平时给朋友发文章、活动等链接的时候,也会直接霸占整个屏幕,体验感非常差。

图4-31 链接转换二维码

这时可以使用百度短网址(http://dwz.cn/)和新浪短网址(http://sina.lt/),如图4-32所示,以新浪短网址为例。再用生成的短网址就可以制作简单的二维码了。

图4-32 新浪短网址

(2) 如何增加粉丝量

1) 导入老客户

不管企业的规模怎么样,都会有一定比例的老客户,可以通过短信或其他方式通知他们加关注,一般来说老客户转化率较好。

2) 让潜在客户关注你

参加大型展会时在展厅、客户休息区,摆放公司的微信二维码,这时想让客户主动关注你必须要有一个理由,例如可以查看展厅所有产品的最新报价或可以通过微信免费评估产品的价格等。很多商家都会采取送小礼物或是关注微信有折扣等方式,来吸引到店客户关注他们的微信公众号。

3）已建平台的引流

早期的很多微信大号之所以能够很快拥有大量订阅用户，是因为它们基本上都是通过之前的社交平台进行推广，如微博、人人网等。以微博为例，可以通过微博背景图植入微信二维码，在微博信息置顶中宣传微信，通过转发活动宣传等方式进行引流。

（3）如何提高阅读量

要提升阅读量，首先可以从优化文章标题入手。有的文章内容很好，但是标题没有吸引力，导致点击率不高。被其他人改个标题转载却可达到10万的阅读量，可见吸引人的标题有多重要。那么到底怎样写出吸引人的标题呢？

文章标题可以从以下几个方面进行优化来提高点击率：

1）结合热点

结合网络时事热点，利用名人效应、热点新闻引起读者兴趣，如《看"汪涵救场"，学如何应对突发危机》。

2）善用数字

除了从读者心理出发，在标题的修饰上，还可以引用数据来增加标题的吸引力。例如，《90%营销人写文案前的第一个错误》就比《大多数营销人写文案前都会犯的错误》更加吸引人。另外就是特别常见的"必备的十大网站""必读的100本书""必会的20个技巧"这一类标题，几乎总是有效的。

3）抛出问题

抛出问题，不是简单地把陈述句变疑问句，而是发现读者隐藏的真正需求，在问句中暗示文章内容可以带来什么好处，或者解决什么问题。所以在高点击率的标题中，"什么""如何""为什么"等都是高频词，如《职场新人必读：为什么老员工不会来教我》。

4）对号入座

能够从与标题相关的词语中将自己或相关的人对号入座，用恰当的词语可以勾起读者的阅读欲望。

例如，《PPT高手必备的10个神器，你知道几个》——哦？我平时就认为自己是个PPT高手，还有我不知道的吗？点开看看吧。哟？我虽然是个菜鸟，但是不是只要掌握了这10个神器我就能成为高手啦？点开看看吧。

又如，《成熟的表现，从学会对"人"不对事开始》——每天总被女朋友说我不成熟；昨天上司刚批评过我不成熟；好吧，我看看到底什么才是成熟。

再如，《一天收益上万元，创业牛人的生意经》——我一个月都挣不了一万，这家伙怎么做到的啊。

5）利用符号

这里说的符号并不是标点符号，而是具有鲜明指向性的人名、事物名等。

例如，《互联网大佬都盯上了人工智能》换成《苹果、谷歌、阿里巴巴……都盯上了人工智能》之后，就会表达得更清晰明确。

再如，《张小龙谈产品设计的十大要素》《王石：下辈子也不会行贿》这种是以名人符号为背书的文章，在微信上传播量都不错，一方面是从众心理，另一方面是因为大多数人对成功人士有兴趣。

6）巧设悬念

如果要点在标题里就全部讲清楚了，用户点击查看文章的欲望也会大大降低，所以可以留点悬念，例如看到标题《世界杯冠军法国队：认真是一种可怕的力量》，人们基本能够对内容猜个七七八八，但是如果改成《可怕的法国人！只因简单的两个字，便可怕到天下无敌》，就可以引起用户强烈的好奇。所以一篇文章的标题要营造悬念，引起读者强烈的好奇心。

(4) 如何提高转发率

1）通过朋友圈矩阵提升阅读量

想要提高阅读量，最好的办法还是要将文章扩散到朋友之间的消息和状态中，这其中首选朋友圈。

一旦一篇文章被有大量个人好友的微信号转发了，每一个微信号就相当于一个有成百上千个真实粉丝的小微博。如果微信好友有交集，这篇文章还能在粉丝的朋友圈中形成刷屏状态。一旦一篇文章开始反复地出现在你的朋友圈，哪怕一开始并不准备看它，但是看到朋友圈里面反复出现这篇文章，标题也非常吸引人，就会让大家更加忍不住点开，如果点开以后发现文章质量还不错，就会继续增加转发的概率。很多热门文章都是通过控制有粉丝的微信号转发到朋友圈，人为制造出来的。

所以，将文章转发到朋友圈已经成为提升阅读量的重要手段。想要达到好的效果，就要打造朋友圈矩阵，能够让拥有一定粉丝数量的微信个人号将文章转发到朋友圈，覆盖到更多人。

2）和外部资源交换

外部资源指的是其他公众号小编、小范围内有知名度并且微信粉丝达到几千人的个人号拥有者。当双方有需求需要转载特定文章的时候，主动帮转朋友圈，达到相互传播的目的。

对于这样的个人微信号，要有意识地去结交，甚至建立微信群组，将身边的粉丝数达到一定指标（如 500—2 000 人）的个人微信号加入进来，进群的人员再将身边粉丝数达到指标的朋友拉进来，这就形成了朋友圈矩阵。

3）有意识地为个人微信号涨粉

依靠外部资源交换的弊端是，大家所在的圈子不同，很可能有些人覆盖的人群并非公众号的目标人群，这就会造成无效传播。同时，这些个人微信号没有足够的利益驱动，让大家统一操作进行转发的难度较大。

如果在运营公众号的同时，有意识地给内部人员微信个人号增粉，这样建立的内部转发朋友圈矩阵，粉丝覆盖更精准，可操作性更强。

例如，目前有很多的公众号会开展线上分享，通过公众号发布活动信息，要求粉丝将文章转发朋友圈并截屏，加指定微信个人号为好友并发送截屏图片，由小助手确认后邀请进入微信分享群。如果是一场 500 人的分享，那么通过一次活动就可以让一个小助手的微信粉丝增加 500 人，开展十次左右就可以达到 5 000 好友上限。

4）通过社群运营提高阅读量

除了可以通过朋友圈转发提高阅读量，还可以通过将文章链接转发到微信群、QQ 群的方式，让群内的人点击阅读、进行转发来提升阅读量。为了让群内转发更加有效，可以通过发红包的形式提高当前的群活跃度，让大家关注转发的文章。

活动3 微信运营工具

1. 辅助运营工具

(1) 搜狗微信

搜狗微信(weixin.sogou.com)是微信公众号运营者最常使用的微信导航站。用户在搜狗搜索结果页可浏览到与查询词相关的微信公众号及全部文章。用户还可根据搜索到的内容,直接对内容订阅号加关注。一般大家都会在搜狗微信上搜索公众号,查看公众号推送的文章,了解某个公众号最近的发文情况等(如图4-33所示)。

图4-33 搜狗微信搜索界面

(2) 腾讯风铃

腾讯风铃(zhan.qq.com)系统是腾讯官方的微信开发工具(如图4-34所示)。通过风铃系统,开发者可以进行基于微信的网站建设。

图4-34 腾讯风铃界面

腾讯风铃的模块非常丰富,包括抽奖、社交、图文、留言、报名、地图、电话、视频、客服、欢迎语、兑换、调查、会员卡、优惠券等，基本上囊括了日常需求。另外，也为企业微信提供了丰富的互动方式，包括大转盘、报名、找茬、优惠券、团购等。还提供了丰富的模板（如图4-35所示）。

图4-35　腾讯风铃模板

风铃系统的功能设计主要为了满足广告客户的需求，为"微网站"开发了多种功能，主要分为以下四类：

① 信息推送，包括图文、视频、欢迎语，用来满足企业的信息曝光需求。
② 网上服务，包括留言、客服，用来满足企业的客服需求。
③ 互动，包括LBS、报名、调查、社交等，用来满足企业的互动需求。
④ 销售，包括兑换、优惠券、会员卡等，用来满足企业的销售需求。

除了腾讯风铃以外，搜狐快站（https://www.kuaizhan.com/）也是类似的建站工具。

(3) 有赞

有赞（www.youzan.com），曾用名为"口袋通"，旨在为商户提供强大的微商城和完整的移动零售解决方案，简而言之就是帮商家管理他们的客户、服务客户，并能通过各类营销手段，产生交易获得订单。只要注册有赞的账号并绑定微信公众号后，就可以把店铺经营到微信上（如图4-36所示）。然后就可以向粉丝推送活动通告、上新通知，和粉丝直接交流和沟通，粉丝可以直接通过微信公众号点击进入店铺，浏览商品，并完成最终的购买。系统提供了丰富的粉丝营销功能，例如优惠券、满减送、签到、多人拼团、代付/送礼、降价拍、限时折扣、微社区等。

图4-36　微商城界面

更重要的是，有赞提供了十分强大的客户管理系统（需要微信认证服务号），可以对粉丝进行分组、打上特定的标签,更有针对性地进行消息推送。

2. 信息收集工具

(1) 金数据

调查问卷是微信公众平台经常要用到的一个场景,金数据(https://jinshuju.net)的基础功能很强大,问卷设计得也较美观,从前期的问题编辑到后期的数据整理都很便捷。应用中心还提供了签到、考试、抽奖、核销码等好用的小应用,可以满足不同的场景需求,不仅仅是一个表单工具。

金数据可以把表单集成到微信公众号中使用,粉丝互动、在线投票、意见反馈,提升微信运营效率(如图4-37所示)。

图4-37 微信增强功能

开启收集微信粉丝信息功能,在收集表单数据时还能获取填表用户的微信头像、昵称等,丰富用户画像(如图4-38所示)。

图4-38 微信用户信息收集功能

> **小提示**
>
> 同类型的工具还有：
> ◇ 问卷星 https://www.wjx.cn/
> ◇ 表单大师 http://www.jsform.com/
> ◇ 问卷网 http://www.wenjuan.com/
> ◇ 麦客 http://www.mikecrm.com/

(2) 孤鹿 Group+

鲸服务(http://www.jfuwu.com)是目前市场上不多的基于移动互联网的社群运营工具之一，致力于帮助社群管理者在大数据时代更加便捷地发起活动、收集会员信息和数据，进行智能化的会员管理。支持社群添加多个子账号，对不同子账号分别设置权限；实现多个账号同时管理社群，让员工各尽其责，社群管理更安全，更有效率。

使用场景包含组织线下沙龙、发起众筹团购、发布报名表单、社群打赏互动、问卷调查等，独创的邀请函传播、用户影响力排行榜、打赏排行榜等玩法功能让社群运营更高效。Group+还可以统计所有事件数据信息，用户资料，用户行为轨迹全记录，社群用户信息全览；统计用户来源渠道，社群流量转化率，不同时间段活动效果。它的后台实时、动态地呈现活动传播和转化数据，一切贴近运营的需求。

3. 数据分析工具

(1) 百度指数

百度指数(http://index.baidu.com/)是一款互联网趋势统计分析工具，是以百度海量网民行为数据为基础的数据分享平台。它能够查询某个关键词在百度的搜索规模有多大，一段时间内的涨跌态势以及相关的新闻舆论变化；关注这些词的网民是什么样的，分布在哪里，同时还搜索了哪些相关的词；帮助用户做竞品追踪、受众分析、传播效果查询，优化数字营销活动方案(如图4-39、图4-40所示)。

(2) Alexa

Alexa(https://www.alexa.com/)是一款网站排名查询工具，是当前拥有URL数量最庞大、排名信息发布最详尽的网站，不仅给出多达几十亿的网址链接，而且为其中的每一个网站进行了排名，所以Alexa排名是用来评价某一网站访问量的常用指标。如果在策划活动方案时要和其他网站平台进行流量互换等合作，可以参考对方网站在Alexa上的数据。

(3) CNZZ

CNZZ(https://web.umeng.com)是一个中文网站统计分析平台，网站在页面添加统计代码后，运营人员可以通过它快速了解网站的各项运营数据，包括PV、IP、独立访客、来访次数、搜索关键词、地域分布、用户属性等多项统计指标，这样就可以一目了然地了解网站的各项访问数据，运营人员可以根据统计数据及时调整页面内容和运营推广方式等(如图4-41、图4-42所示)。

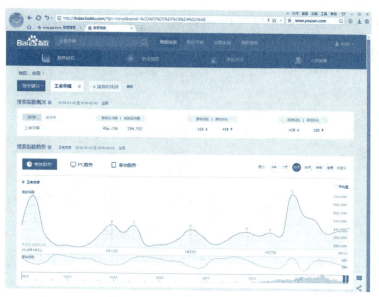

图4-39 百度指数趋势研究

图4-40 百度指数需求图谱

图 4-41 CNZZ 网站统计概况

图 4-42 CNZZ 无线流量分析

(4) App Annie

App Annie（https://www.appannie.com/cn/）是一款移动应用数据跟踪、市场分析和 App 排名查询工具，可以帮助产品运营人员实时了解应用的各项业务数据。通过 App Annie，可以查看应用详细排名图表、历史排名变化和被推荐情况。此外，还可以在每一个应用商店、国家和类别中,按小时追踪应用的下载量、收入和排名情况等数据,并可以生成可视化图表,方便运营人员追踪应用的各项数据情况。

4. 团队协作工具

(1) 百度脑图

百度脑图(http://naotu.baidu.com/)是一款便捷的脑图编辑工具,无需安装,即时存取,方便分享/协同。可以直接在线创建、保存并分享思路,不受终端限制,在任何地方都可以打开(如图4-43所示)。

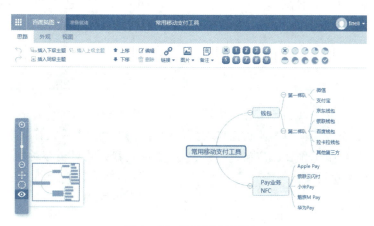

图4-43 百度脑图界面

(2) 石墨文档

石墨文档(https://shimo.im/)是一款轻快好用的在线协作文档,支持多人同时在线编辑同一个文档。运营人员可以用它来多人协作撰写文案,一起制定运营规划和开展头脑风暴等(如图4-44所示)。

图4-44 石墨文档编辑界面

可以对文档的某一细节内容进行评论,其他人可以一起参与讨论。这样一来,团队运营人员在一个文档里就能轻松完成方案讨论和稿件校对等需要多人协作的工作,无需再通过反复发邮件这种传统低效的方式沟通了。

石墨文档的所有文档都是实时保存在云端的,所以无需担心文档内容会丢失。石墨文档同时拥有网页端、微信端和App,即使不在计算机前,用手机也可以处理工作文档。

(3) ProcessOn

ProcessOn(https://www.processon.com/)是一个方便易用、免费高效的在线作图工具,运用它可以免费制作多种如Flowchart流程图、BPMN图、Org组织结构图、EVC企业价值链图、EPC事件过程链图,并且图形支持正在不断丰富。ProcessOn还支持实时协作,可以随时邀请同事、客户、咨询顾问加入协作,在作图过程中一起讨论、修改、完善。

小知识

有赞商城认证审核可以通过三种方式:个人认证(快速审核)、个人认证(人工审核)、企业认证(人工审核)。个人认证和企业认证仅在提现时间上有区别,个人认证提现需三个工作日,企业认证提现需要一个工作日。店铺通过认证后,有一次修改认证类型的机会。个人认证店铺,后期可更名为企业认证。

拓展任务1

假设要开设一个介绍本地旅游资讯的微信公众号,请你为这个公众号取一个有特色、有吸引力的名称。

拓展任务2

以下微信个人号的头像,如果是计划用来作为营销号,你觉得哪些比较合适?为什么?

1.
2.
3.
4.
5.
6.
7.
8.

拓展任务3

以下文章标题,请你适当修改,使它们变得更有吸引力。

序号	原文章标题	修改后标题
1	减肥需要长期坚持	
2	只要努力,卖煎饼也能月入13万	
3	本公众号新推出电子发票功能	
4	抽烟喝酒有害健康	
5	本月新品:魔鬼辣脆皮鸡	

拓展任务 4

请你关注"欧莱雅美丽殿堂"的微信公众号,并进行分析。可以从公众号的定位、微信形象设计、栏目的规划、文章内容的设计排版、发布的频率、阅读量等方面分析。

拓展任务 5

假设学校的微信公众号计划发布一篇介绍学校教学生活环境的推文,请你使用一种或多种微信编辑器,撰写一篇符合要求的文章。要求图文并茂,排版清晰美观,文字表达通俗易懂,符合学生群体的阅读习惯。完成后上台展示。

拓展任务 6

假设你和你的合作伙伴计划在校内创业,开一个奶茶店,能实现线上线下同步销售,提供校内免费配送服务,为此打算先做一下市场及用户需求的调研。请你使用网上的信息收集工具,设计一份调查问卷,并把问卷发给同学填写,最后生成一份统计报告。

拓展任务 7

请你使用脑图制作工具,把教材中本项目的"任务1 微信营销方法"这一章节的要点,画成脑图的形式。章节要点取到第三级即可。

拓展任务 8

分组完成以下任务:组长在腾讯风铃(zhan.qq.com)注册账号,小组成员一起商量挑选一个模板,组员分工合作共同完成微网站的制作。完成后上台展示。

任务 2　微博营销方法

小明注意到,随着近几年微博的发展,使用人数也不断增长,微博已经成为一种常见的营

销推广渠道。但微博营销要产生好的效果,也需要掌握一定的方法和技巧。要开展微博营销,通常需要先了解常用的微博营销策略,企业微博运营规划的方法,还要掌握企业微博推广的常用方法、微博运营的常用工具。

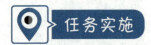

活动 1　微博营销策略

1. 精准营销

营销的最终目标是销售产品或服务,在微博营销中的对象便是粉丝。有些企业微博有着好几十万的粉丝,但是营销的效果却比不上那些只有几万粉丝的企业,这就是粉丝转化率的问题了。粉丝再多,对你的产品没有兴趣,那也没有意义,因此企业在营销中要把握精准营销的策略。

精准营销就是营销目的具有明确性,在微博建设中就要开始寻找那些有可能成为企业产品用户的粉丝。在寻找目标粉丝时可以用微博关键词搜索、标签、微群、话题这些可以集合用户共同特性的标志去寻找。找到了目标粉丝就要想办法将这些微博用户发展成为企业微博的粉丝。

2. 情感营销

现在的网络信息量非常庞大,没有吸引眼球的内容是不会受到关注的。真情流露最容易打动人,在微博营销中加入情感元素会取得意想不到的效果。

如今广告泛滥,要想取得群众的青睐,情感营销是个不错的方法。对待粉丝要用心,使企业与粉丝之间更加亲切,提高粉丝对企业的依赖感。

3. 品牌代言人营销

一般来说,品牌的代言人所说的话不仅代表自己,也代表了企业的形象。因此,代言人要注意自己的言行,不当的言行给企业带来的负面影响是巨大的。

品牌的代言人与粉丝之间零距离交流可以增加粉丝的忠实度,让粉丝觉得企业并非高高在上与其没有交集,而可以像朋友一样,也增强了粉丝对企业的归属感。

4. 口碑营销

要做好口碑营销,首先要有产品或服务质量的保证。一个企业如果产品质量不过关,那么广告效果再好也达不到最终的目标。在保证产品质量的前提下,就需要一个切入点。口碑营销的特点就是以小搏大,所以需要一个可以造势的引爆点,企业的产品需要有话题附着力,这样才能流行起来。

微博是口碑营销最适合的渠道之一,微博信息传播迅速的特点非常适合口碑营销。企业在进行口碑营销时要辅以广告、公关等多种整合营销方式来取长补短,才能将传播的效果最大化。

5. 互动营销

企业如果只是单纯将微博当做企业的信息发布平台那是毫无意义的,微博强调的是双向沟通。可以发表一个引人思考的主题,引导粉丝响应并讨论,培养企业的忠实粉丝。粉丝的转播可以起到连锁效果,推广到更多的人群中。

不管是什么营销,用户体验是关键。企业在营销过程中充分利用消费者的意见和建议,与消费者进行充分的沟通和理解,促进相互学习、相互启发、彼此改进。为了形成良好的互动交流,企业微博应该关注更多的用户,并积极参与回复讨论,通过积极的互动,扩大客户群。

除了上述的几种策略,企业也可以从别的角度策略去做营销。应该根据企业自身的条件状况去分析,找出最佳的营销手段。没有最好的,只有最合适的。

活动 2　企业微博营销规划

1. 什么企业适合做微博营销

活跃于微博上的商家,多半都是生活服务业或和电子商务结合紧密、物流配送方便高效的行业。目前比较适合微博营销的行业大致有以下几类:

① 快速消费品:服装、化妆品、珠宝饰品、食品、日化用品、玩具、家居、母婴用品、文体书籍、家电数码、保健品等快销品。

② 同城化消费:能够通过团购网站进行同城消费的商品,如医院、餐饮、装修等。

③ 远程化服务:拥有广大区域分散的客户,通过微博互动能够提供更及时的反馈,提升客户满意度。

④ 品牌化推广:有的企业、媒体、公益组织、高校、政府机关并没有利用微博带动销售,但是出于品牌推广、服务社会等考虑也必须建立微博品牌阵地。

2. 找准微博营销的目标

企业运营微博是经营行为的一部分,得有一个目标,要考虑好到底企业想通过微博营销得到什么。做网络营销也好,微博营销也好,主要是以下五个营销目标:

① 提升品牌知名度。
② 促进销售业绩。
③ 提升客户服务水平。
④ 进行市场调研。
⑤ 进行危机公关。

这五个维度的营销目标,最终都是期望提高自己的产品和服务在消费者心目中的形象。不同的企业营销的目标侧重应该有所不同。五个维度如果都做到,不是不可以,但是企业投入的成本就会非常高。建议不同的企业最好侧重不同的营销目标,或者不同营销阶段侧重不同的目标。

有了营销目标,就能更客观地评估微博营销的效果。有些企业谈微博营销合作,往往不知道该如何考核,最后微博营销目标就变成了粉丝数、转发数、评论数。有的企业怕上了买僵尸粉的当,还要求是活跃粉丝数。又或者是怕水军转发,要求真实转发数。但这些其实是判断是否达到营销目标的参考数据,并不是营销目标。

微博营销是企业整体营销的一部分,营销考核体系第一要明确企业要追求什么?第二要明确企业要考核什么?假如企业考核的营销指标能支持所追求的营销目标,我们的过程控制手段才能有实效。

例如品牌型企业官微追求的是传播效果,而不是粉丝数量变化。应该追求活动转发量最高、参与人数最多、覆盖人数最大化。服务型企业官方微博追求的是客户满意度,应该关注评论反馈的问题解决程度、客户咨询意见跟进程度,如表4-2所示。逐步积累来自微博访问量的增长率、用户转化率、地理分布、性别比例等数据(需要在网站上安装相应的流量统计软件),并因此调整微博内容和活动营销策略。

表4-2 企业微博营销监控考核指标体系参考表

微博日常监控指标					
日期	原创微博数 转载微博数 转发微博数	平均转发数	平均评论数	超过50次转发	原因分析和后续跟进操作
微博粉丝监控指标					
日期	粉丝数	新增粉丝数	潜在客户粉丝	新增加V或活跃粉丝关注	后续对策
网站监控指标					
日期	总访问人数	来自微博流量	网络咨询量统计	确定来自微博咨询量统计	有效信息统计

评估自媒体类型微博的活跃度,可以通过博主发的微博数量、互动质量、阅读量、推广产品销量或下载量、被别人微博主动@数量来综合评估。例如有些电商网红的微博转发量不高,但

是评论数和点赞数非常高,其实也是运营质量好的一种表现,说明目标人群精准、活跃度高、认同度高。

3. 组建微博运营团队

很多国内成功的企业微博运营首先是得到高层重视,像万科的王石、SOHO的潘石屹、新东方的俞敏洪、小米的雷军和360的周鸿祎等,本身就是微博大V,在他们的个人微博推荐带动下,企业微博运营整体质量也很不错。

但应该看到中国企业领导人在微博上大放异彩的毕竟是少数,大部分中国企业领导精力都只能放在企业业务上,很少有时间运营官方个人品牌微博带动企业官微的发展。

在这种情况下,企业官微的运营还是得通过具体的微博运营专员来实施。很多企业官微粉丝数量不低,可微博运营死气沉沉,常常是一条微博发出去,转发数和评论数很低。有的官方微博明明零转发、零评论,每天还坚持定时更新,这样投入人力运营就没有针对性。要想改变这个局面,除了改变考核目标、完善工作方法,还得找对合适的运营人才。

挑选微博运营专员可以从以下三方面入手:

① 一定的资源整合能力。微博专员要能从各个部门中挖掘资源,设计出符合企业定位、用户感兴趣的微博内容。

② 熟悉网络博客或论坛的维护,拥有丰富的网络运营经验,对网络热点话题反应快,网感好。

③ 超强的责任心。维护微博往往要求随时快速反应,不能推诿扯皮,没有责任心。

表4-3 微博客服专员主要职能

微博客服主要工作职能	
1. 主动搜索潜在客户	通过关键词搜索、标签搜索发现潜在客户粉丝,有意识建立互动,转化为有效客户
2. 及时处理客户留言	采取实时互动、转入QQ私聊、私信、转发、冷处理、上报等多种手段将客户事宜纳入流程处理
3. 做好日常统计记录	对每日咨询问题进行分类统计,是质量问题、运输问题,还是操作问题,形成问答库,便于日后处理
微博客服专员知识结构图	
1. 微博基础知识	关于微博的使用、配置和维护的基本知识
2. 互联网基础知识	国家相关政策法规、移动互联网终端软件下载及安装使用、电子商务基础知识
3. 企业行业知识	企业的品牌定位、产品服务基本知识、同行竞争对手知识
4. 在线沟通技能	在线沟通咨询技能、网络流行语
5. 微博编写能力	微博文案写作的能力、常规图片美化能力、视频转换上传分享能力
6. 企业流程知识	熟悉企业内部相关审批和决策流程

4. 企业微博运营策划

(1) 企业官方微博命名

企业官微不像个人微博,命名可以天马行空,需考虑对企业的品牌建设是否有价值。

官微命名常有以下几个误区:

① 只重视品牌微博名,不重视近似命名的保护。很多企业对网络反应慢,微博刚兴起时没有注意进行品牌官微注册保护,等加微博时发现一些品牌名或者近似品牌名已经被人抢注。

② 只注重中文微博名,忽略了个性域名申请。

③ 只单线考虑微博名,没有能发散思维命名。比如宝洁公司作为世界 500 强企业,在品牌保护方面有很强的意识,他们企业官微命名思路就很值得效仿。

电子商务企业,其公司品牌和个人品牌紧紧绑定在一起,命名思维不妨更加开放,像罗永浩就更注意利用自己的影响力推广公司业务。

(2) 打造企业微博矩阵

了解了企业命名的策略,那么企业到底需要多少个官方微博?对于有的企业,一个官方微博就够了,但是拥有矩阵式的微博团队在运营方面会比单微博营销更容易成功。

像小米公司的微博矩阵设计,就非常完备,既有品牌区分,又有高管微博,还有各个职能部门的员工微博,总体上构成了个人品牌与公司品牌互补,如图 4-45 所示。每个矩阵群都交叉关注,形成一个多维度的结构。当然,不同的行业应该有不同的微博矩阵,这个需要自己琢磨和设计。

图 4-45 小米的微博矩阵

(3) 企业官方微博的装饰

为了让企业官方微博给人清晰、直观、良好、深刻的印象,传递鲜明的企业形象,需要在装饰方面加强设计。

1) 设计企业简介

企业简介宜简明扼要,让人一看就知道企业是做什么的。不可太短,也不要太长,语句都要经过推敲。

2) 设计特色标签

标签是非常重要的信息,可以描述企业的行业或领域、企业产品类型等的关键词,从而让更多的人更容易找到企业,也可以让企业找到更多同类或有相同兴趣的潜在客户。具体的设置位置在"账号设置"→"基本信息"→"个人标签"。

3）设计个性域名

好的域名不仅方便用户记住微博地址,同时也是企业识别系统的一部分,最好和官网保持一致,这样会有较高的辨识度。

4）添加企业 Logo

企业的 Logo 是非常重要的视觉呈现,所以在微博中必不可少,头像可以直接用企业Logo,也可以用企业形象代言人。

5）选择个性模板

微博内置有很多模板,可以选择比较适合自己企业的模板,能够体现出企业特色。

6）添加企业认证

经过认证的企业可以赢得用户的信任,所以最好加一下认证,按照新浪微博的要求,上传各项资料进行申请就可以了。

7）设计微博背景

背景、头像应该是一体化的,最好由企业自己进行设计,而不是单纯地沿用微博的背景。如"慕思寝具",就巧妙地把背景设计成了圆月和倒影,制造出入夜后的气氛,非常符合慕思的品牌形象和产品定位。

8）添加轮换广告

在官方微博首页上,有个轮换广告的位置,要好好利用。因为这里很醒目,只要打开微博页面都可以看到。同时,广告最好经常更换,才有新鲜感。

企业官微的存在,主要就是做营销发广告的,只不过发广告要避免简单粗暴,要避免发布过频,要避免单向广播,否则会变成没有互动的自娱自乐。

要了解如何通过微博发广告,先要了解清楚微博有什么位置可以发广告。一般企业想到的微博广告,不是发广告微博,就是搞有奖活动,其实除了这些形式微博上还有其他的方式可利用,如表4-4所示。

表4-4 微博广告策略

企业官方微博可自行调整的广告位	广 告 策 略
背景模板	定期更新,结合重要市场活动统一更新
微博头像	活动推广或品牌更新时进行更新
视频展示	及时更新有冲击力的宣传视频或滚动图片切换
滚动公告	及时更新企业官方最新通报信息
官方链接	官网的信息更全面,合理设置官方链接名称会提高点击率

(4) 让企业官方微博拟人化

谁也不愿意和一个冷冰冰的官方微博互动,所以企业官方微博可以拟人化,显得形象生动,这样和粉丝互动起来,效果才更好。

例如有的官方微博自称主页君,或者给自己一个小编的爱称,方便和网友进行亲民化的互动。

(5) 为企业官方微博加上好关注

和个人微博不同,官微关注的更多是商业上的合作伙伴。企业官微不是个人微博,关注什么不能由微博管理员个人爱好决定。而关注类型要更多元化,对同行、客户、上下游价值链的微博都需要关注。

不管是哪个企业官微,都建议关注下"企业微博助理",这是新浪微博官方企业服务账号,定位介绍企业运营方法,分享新浪微博相关数据和案例。更有趣的是,它的关注清单可以看作目前新浪微博营销成功公司和优秀团队的活目录,如图 4-46 所示。

(6) 策划企业微博栏目

运营微博要考虑企业品牌营销和宣传的需要,不能像个人微博那样过于随性。企业官微最好设计一些固定的栏目,在相对固定的时间发布类似的内容。不同的栏目覆盖不同的粉丝,时间长了,有了影响力,就会有很多粉丝主动投稿。

图 4-46 企业微博助理

活动 3 企业微博推广方法

企业官方微博不像个人微博,只要有朋友就能吸引到几个粉丝,官方微博这四个字可能把粉丝挡在门外。但是没有粉丝的官方微博后续营销会更加困难。所以很多官方微博情急之下去"买粉",但买来的粉丝往往是僵尸粉,效果并不好。

1. 企业官微增粉方法

官微增粉,也要循序渐进。在内容建设不是很完善的情况下,不要急于把潜在微博用户发展为粉丝,这些潜在微博用户即使被吸引到官微上,如果官微本身对他没有吸引力,也只会导致彻底流失。常用的企业官微增粉方法如表 4-5 所示。

表 4-5 企业官微增粉方法

企业官方微博增粉方法	思 路 范 例
1. 全员营销,内部推荐	企业要求每个员工都注册微博并关注官方微博,要求每个员工发展三位相关人员关注企业官方微博,作为考核指标;让员工进行分组内部竞赛,完成一个增粉创意,评估后分组实施评优
2. 合作伙伴,邀约关注	企业微博管理员可以请相关部门出面,邀请开设微博的合作伙伴关注;发布一些外部合作消息。如果合适,就@有关合作伙伴注意,引发关注
3. 客户参观,趁热打铁	利用客户参观企业的机会,推广企业官方微博
4. 对外宣传,主动展示	在公司网站、员工名片、宣传印刷品、媒体广告、行业展会等对外宣传工作中,在醒目位置统一增加公司官方微博号

续 表

企业官方微博增粉方法	思 路 范 例
5. 积极发帖,制造人气	一个好微博应该先争取公司内部员工参与的兴趣,然后再逐步发展外部粉丝
6. 服务客户,在线转发	很多公司微博会有各种产品或服务,消费者可能会采取私信或者直接@的方式和官方微博沟通,或者通过搜索企业品牌词找到,那么主动和客户沟通,客户对服务满意了,自然能转化成粉丝
7. 搜索标签,发展粉丝	以公司目标客户最接近的标签做关键词搜索,找到后主动互动一下,吸引其关注
8. 开展活动,物质激励	设置一些实物抽奖,会比较有效

2. 为优质粉丝提供个性化服务

通过微博积累粉丝数量,只是第一步,为优质粉丝提供分类服务待遇,这样粉丝对官微才能有忠诚度。

如天猫"双11",针对粉丝推出 H5 在线游戏,只有天猫忠实用户,才能看完邀请函,转发获得神秘大礼,如图 4-47 所示。

图 4-47 天猫双 11 微博活动

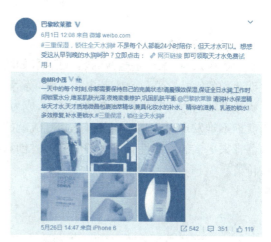

图 4-48 化妆品企业新品试用微博活动

比如化妆品行业,经常给粉丝推出小包装试用,一方面得到粉丝认可,另一方面也为新品上市做预热曝光,如图 4-48 所示。

企业还可以为热心粉丝建立官方 QQ 群、微博群或微信群,可以紧密沟通,遇到需要转发的微博或者有内部福利,可以通过 QQ 各种群发方式通知。

3. 企业官方微博借势

借势最重要的原则就是建立品牌与热点之间的关联。这是建立在对热点对象特点的剖析和提炼之上的。借势是为了借助热点噱头的力量,突出自身优势,达到借势目的。

(1) 体育借势

提到体育,我们自然想到的是奥运会,四年一度的体育界顶级盛事,中国又常年位于金牌榜的前列,话题度和关注度都有了,无疑是最适合拿来借势的话题了。借势当下最火的体育明星也是不错的选择。比如2016年奥运会吸引了全民眼光的傅园慧,就以其真性情和表情包火了,如图4-49所示。

图4-49 体育借势微博营销

(2) 娱乐借势

娱乐八卦,永远是微博的热点话题(如图4-50所示)。一些娱乐事件特别适合借势,比如明星们的婚礼、公开恋情、新电影上映,等等。如何结合节目和品牌自身的营销创新能力,借助娱乐营销的方式吸引消费者的注意力,成为品牌推广的重要任务。在众多借势品牌的案例中,我们不难发现,品牌借势电影,是相互成就的过程。热度足够、品质足够的电影,能为品牌及产品带来更多的可能性和更大的影响力。创意给力、执行力够强的品牌,也在营销中放大了电影价值。

图4-50 借势娱乐微博营销

不得不说,这确实是一个娱乐至上的年代,娱乐精神已成为一种时代风向标,娱乐化不仅是一种营销手段,更是一种态度,也是品牌与新兴消费群体最有效的交流方式。

(3) 节日借势

节日类借势活动是各类商家运用最多的,因为它符合人们的日常生活,而且节日往往也是假期,人们的注意力都不在工作上,更能够让品牌有最佳的营销效果(如图4-51所示)。传统常见的节日营销节点包括了元旦、春节、清明、端午、中秋和国庆等,但是随着互联网的发展,新的一些节日营销节点也逐渐兴起,比如光棍节、七夕节、520日等。

图4-51 借势节日微博营销

(4) 热点借势

企业微博应该尽可能利用热点话题做创意营销。这种营销逻辑很简单,找准自身产品的品类特性,抓住潜在用户群体的心理特征,巧妙地和热点话题融合,并且快速地在微博、微信等社会化平台上发布,然后就等着"创意不错,虽然是广告,但还是赞一个"的好评吧。借势营销就具有这么一种魔力,因而广受各行各业中小企业的追捧(如图4-52所示)。

图4-52 借势热点话题微博营销

4. 如何策划微博活动

(1) 微博活动策划的常规方法和手段

方法一:有奖转发。有奖转发也是目前采用最多的活动形式,只要粉丝们转发＋评论或@好友就有机会中奖,这也是最简单的,粉丝们几乎不用动什么脑筋。但目前有奖转发也提高了门槛,例如除了转发外,还需要评论或@好友(@的数量现在普遍要求三个或者更多)。

方法二：有奖征集。有奖征集就是通过征集某一问题解决方法吸引参与，常见的有奖征集内容有广告语、段子、祝福语、创意点子等。调动用户兴趣来参与，并通过获得奖品可能性的系列"诱导"，从而吸引参与。

方法三：有奖竞猜。有奖竞猜是揭晓谜底或答案后抽奖。这里面包括猜图，还有猜文字、猜结果、猜价格等方式。目前用的也不太多，但是策划的好还是很有互动性的，并且将环节设计得越具趣味性越好，促进自动转发。

方法四：有奖调查。有奖调查目前应用的也不多，主要用于收集用户的反馈意见，一般不是直接以宣传或销售为目的。要求粉丝回答问题，并转发和回复微博后就可以有机会参与抽奖。

(2) 微博营销活动策划的四个关键点

关键点一：规则应该清晰、简单。要想使活动取得最大的效果，一定不要为难参加微博活动的用户，让他们读长长的一段介绍文字。活动规则简单才能吸引更多的用户参与，最大限度上提高品牌曝光率。因此，活动官方规则介绍文字控制在 100 字以内，并配以活动介绍插图。插图一定要设计得美观、清晰，并且图片尺寸适度。

关键点二：把握并激发参与欲望。只有满足了用户的某项要求，激发了他们内心深处的欲望，用户才会积极踊跃地参与组织的活动。激发欲望最好的方式就是微博活动的奖励机制，这里面包括一次性奖励和阶段性奖励。所以官方微博活动奖品的选择很有讲究，一是要有新意，二是要有吸引力，三是成本不能太高。微博活动奖品如果是印有官方 Logo 的纪念品之类的也很有趣。

关键点三：控制并拓展传播渠道。微博活动初期是最关键的，如果没有足够的人参与，很难形成病毒式营销效应。可以通过内部和外部渠道两种方式解决。内部渠道就是初期的时候要求自己公司的所有员工参加活动，并且邀请自己的亲朋好友参加。初期积累了一定的参加人数，才会形成马太效应。外部渠道就是要主动去联系那些有影响力的微博账号，可以灵活掌握合作和激励的形式。

关键点四：沉淀粉丝和后续传播微博活动。在文案策划的起始阶段要考虑到如何沉淀优质粉丝传播的问题，同时鼓励用户去@好友，@好友的数量也有讲究，如果@太多的话，会导致普通用户遭受骚扰。另外，通过关联话题引入新的激发点，带动用户自身的人际圈来增加品牌的曝光率，促进后续的多次传播。

活动 4　微博运营工具

1. 粉丝服务平台

粉丝服务平台是微博用户为粉丝提供精彩内容和互动服务的平台。目前所有微博用户均可使用粉丝服务平台。

怎样使用粉丝服务平台呢？登录"管理中心"在左侧导航栏找到"粉丝服务"，即可看到粉丝服务平台介绍页，单击"立即使用"按钮，即可开始使用粉丝服务平台。

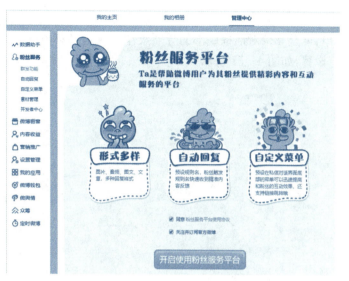

图 4-53 粉丝服务平台

(1) 设置关键词自动回复

这样可在收到特定关键词的私信时,自动回复已设置好的私信内容。

设置方法:单击"添加规则"按钮时,可直接按照展开的对话框提示进行规则创建。粉丝发来的私信内容需与设定的关键词精准匹配,才可收到自动回复。

关键词回复最多可设置 100 个规则,每个面下最多可设置 100 个关键词,每个规则最多对应 5 条回复内容。

当规则对应的自动回复数大于 1 时,系统会随机抽取 1 条回复给粉丝;也可以在右上角勾选发送全部,那么所有回复内容都会下发。

在"微博主页"→"管理中心"→"粉丝服务"→"自动回复"即可进行设置,如图 4-54 所示。

图 4-54 设置关键词自动回复

(2) 自定义菜单

所谓自定义菜单,就是私信对话框底部的导航菜单。自定义菜单需要在粉丝服务平台中开启,按照提示进行设置,如图 4-55 所示。

图 4-55 设置自定义菜单

第一步,添加菜单名。

第二步,为菜单设置回复动作。回复内容可以是预先设置好的素材,如文字、语音、图文与图片;也可以选择跳转链接,粉丝可以通过单击菜单,直接跳转到链接指定的网页。

第三步,可以"预览"菜单样式,然后选择修改、添加菜单或修改回复内容;如果确认没有问题的话,点击发布,粉丝在进入私信对话窗口时就可以看到和使用菜单了,如图 4-56 所示。

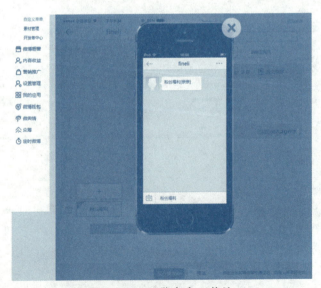

图 4-56 预览自定义菜单

粉丝服务平台是微博为认证用户提供的一个服务平台,通过这个平台可以像微信公众号一样,主动推送订阅内容给订阅粉丝。

启用:登录"管理中心"在左侧导航栏找到"粉丝服务",即可看到粉丝服务平台介绍页,单击"立即使用"按钮,即可开始使用粉丝服务平台。

停止:如果想停止使用粉丝服务功能,可以在编辑模式下的"自动回复""自定义菜单"中选择停用即可;开发模式下在"开发者中心"选择停用也可。

如果一个用户关注了认证用户,那么微博会自动默认用户订阅认证用户的粉丝服务平台,那么默认可以推送消息给订阅用户,每天可以推送两条消息。

如果用户不想继续收到推送消息,回复"TD"即可。

(3) 重要功能

① 数据中心帮助使用者统计数据信息。

② 自动回复功能,包括四种设置:被关注自动回复、订阅或退订自动回复、私信自动回复、关键词自动回复。可以根据自己的需要进行设置。

③ 店铺服务可以对微博橱窗进行管理。

④ 群发功能。

⑤ 自定义菜单。自定义菜单的三种应用如下:

在"群发私信"处,可以给订阅粉丝发送纯文字、图文、语音、图片私信。确认好内容后,需要平台进行审核,审核通过后方可发布。

发布"图文消息"型私信时,需要提前去"素材管理"处,将需要发布的图文内容提前设置好,方可在此处直接选择。如果没有提前设置,在"新建图文消息"时,仍会引导提前设置。

在"已发送"处可看到哪些已通过审核,哪些待审核。

⑥ 订户/素材管理。提前编辑要推送的内容,包括图片、语音、图文消息等都可以提前上传保存在素材库里,也可以对订户进行分组管理。

⑦ 自定义菜单,使微博变成一个类似于 App 的工具。

⑧ 开发者中心。使用者可根据自己的情况选择编辑模式或开发模式。在粉丝服务平台未推出前,对于粉丝的管理功能是很弱的,数据统计可以用第三方工具实现,但微博自己却比较难,通过数据统计,可以查看到粉丝的性别、区域和城市分布等,通过对接口、消息等的分析也可以查看服务使用和粉丝互动情况,可以更好地帮助到微博运营,如图 4-57 所示。可以通过微博的应用广场(http://app.weibo.com/)选择适合自己的应用工具。

2. 粉丝头条

粉丝头条是新浪微博官方推出的轻量级推广产品,当某条微博使用粉丝头条后,在 24 小时内,它将出现在博主所有粉丝微博首页的第一位。

通过粉丝关系可以增加微博的阅读量,扩大微博的影响力。粉丝头条需要购买,投放价格和粉丝量、粉丝活跃度、投放频率有关。如果粉丝多,粉丝活跃度高,投放频率高,那么粉丝头条价格会动态上涨。

当博主有重要信息发布,又不希望自己的粉丝错过时,就可以用"粉丝头条"这款广告工具,解决这个问题。

图4-57 微博应用广场

当博主对自己原创或转发的某条微博使用粉丝头条推广时,原则上他推广的每一条微博,所有关注博主的粉丝,在刷新微博信息流的时候都会看到。但实际上,不是每一个微博用户都会在24小时内上网,所以真正能看到粉丝头条的博主粉丝数量会比总关注数量要少。

不过强制发布微博内容在粉丝首页出现头条,如果内容是纯广告或者大家不感兴趣的内容,那么粉丝头条会被部分用户认为是信息骚扰,导致掉粉。

但如果内容对粉丝有用,不仅不会掉粉,还会提高粉丝的黏度,带来更多的转发和评论等互动。所以在使用粉丝头条前,应当判断推广内容是否对粉丝有意义、有价值。

在电脑端的个人主页,单击单条微博下面的"推广"按钮,选择"粉丝头条"功能就可以使用粉丝头条,如图4-58所示。在移动端个人主页,单击右上方的小箭头,再点击推广,或在单条微博界面,直接单击右上方"推广"按钮。

如果个人粉丝规模有限,在投放粉丝头条时还可以再推广给其他,选择推广给新浪微博系统认为潜在粉丝规模,选择的投放粉丝规模越大,需要投入的费用越高(如图4-59所示)。所

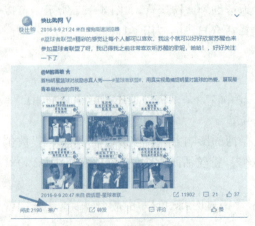

图4-58 微博粉丝推广

图4-59 粉丝推广设置

以,是否需要使用粉丝头条还得看需求。粉丝头条的费用就是推广营销投入,只要有转化并且转化指标合格,就值得一试。

3. 抽奖中心

抽奖中心是微博自带的营销功能,可以通过这个功能进行抽奖,由系统随机抽取中奖者,如图4-60所示。

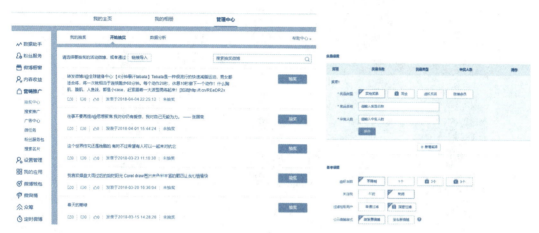

图4-60 微博抽奖中心

微博抽奖功能本身不错,也包括了数据分析。不过采取的是随机抽取方式,有时候抽到奖的粉丝可能根本没有过互动,甚至还可能是"抽奖专业户",所以这个功能可以看情况使用。

如果是回馈热心粉丝的抽奖活动,建议采取人工选择的方式,但是要在活动规则里说清楚。

4. 活动中心

企业认证成企业蓝V后,可以在企业管理中心创建和管理微博活动;微博用户可以进入活动页面参与活动(如图4-61所示),并有机会获得一定的奖励。微博后台的活动中心提供了更多的活动功能支持,大大缩短活动创建流程,让用户更便捷地发起活动;同时支持活动绑定话题,用户可以更方便地汇集精彩内容来提升活动热度,进一步加强活动效果。

创建活动流程为:设置活动信息→选择活动套餐→设置活动规则→完善活动内容→提交审核→发布上线。

企业可以进入"管理活动"中通过查看活动的参与人数、浏览量和独立访客三项指标来了解活动的效果。

5. 微博数据分析工具

知微是目前一款功能强大的微博分析工具(weiboreach.com),如图4-62、图4-63所示。它

图 4-61 微博活动页面

是分析事件传播的利器,可分析单条微博的传播路径,找出关键节点、转发次数、地域分布、性别分布等。可以了解这条微博有多大的影响力,它的传播产生了怎样的影响,人们的态度是积极还是消极。

图 4-62 知微微博传播分析

图 4-63 知微热点事件分析

1. 知微的微博分析功能需付费,具体请查看官网的资费说明。
2. 知微的"经典传播案例"和"事件库"汇集了不少精彩的分析,从中可以看出一些重大事件的传播途径,是研究运营的好工具。

拓展任务 1

请你在"企业微博助理"的页面中,打开"她的关注",挑选其中一个企业官方微博,对该微博的运营情况进行分析和点评。可以从微博形象设计、定位、栏目设计、运营考核指标、微博营销活动策划、粉丝互动等方面进行分析。

任务 3 自媒体营销方法

任务描述

小明注意到,随着互联网的飞速发展,自媒体平台正在发挥着越来越大的影响力。企业进行互联网的品牌建设,往往会选择通过网络自媒体推广企业和品牌,从而形成公众熟知的企业品牌形象。自媒体营销的平台比较多,运营好一个自媒体账号需要掌握一定的方法和技巧。

申请了自媒体平台账号,还要找好自媒体的定位,掌握自媒体营销的策略和写作技巧,坚持不断地写作,通过自媒体渠道对外传播,才能起到好的推广效果。

活动1 自媒体的定位

1. 常见自媒体定位

(1) 行业专家,指在某个行业或领域,通过自己的专业能力或经验,成为本行业的专家。此定位适合在某个行业或领域有比较丰富的经验或沉淀的人。

(2) 意见领袖,通过自己独特的观点,去影响别人,继而成为行业领袖,比如微博中的公知等。此定位适合有独特的思想或观点,且善于将它们表达出来的人。

(3) 创业先锋,指通过自己的创业经历或成绩,去影响别人,继而成为品牌。此定位适合创业路上有一定成绩或代表性的人。

(4) 励志人物,指通过自己的故事去感染人,继而成为品牌。此定位适合有故事、有经历,且非常有代表性、能够感染受众的人。

(5) 圈子达人,指在某一个圈子中,成为热点人物。这个圈子可以是某个行业、某个领域、某个组织、某片地区等。此定位适合无法通过以上几种手段发挥影响,但却有一定的时间和精力,且擅长社交、擅长经营圈子的人。

2. 常见自媒体定位误区

(1) 粉丝越多越好

提起自媒体运营,大家总是觉得要尽可能多拉粉丝,越多越好,为了能多拉点粉丝,什么招都用上。其实粉丝并不是越多越好。粉丝越多越好是有前提条件的:精准。只有精准的粉丝才能产生更大价值。像段子手粉丝数动辄几十上百万,娱乐八卦账号的粉丝数和阅读量更是高得吓人。但其实这些自媒体人的收入和他们的粉丝数不成正比。相反,一些粉丝量并不特别大的自媒体,反而活得特别好。比如有一个名为"广州美食攻略"的自媒体,其关注人数与知名自媒体号的关注人数比起来简直微不足道,每篇文章的阅读量也不高。但它的盈利能力却不容小觑。究其原因就在于,该自媒体的定位精准,其粉丝都有一个共同的爱好:喜欢美食。所以在向粉丝推荐那些质量好、价格实惠的美食时,大家自然愿意购买。而段子手吸引过来的粉丝,并没有明确用户属性,所以虽然粉丝数很多,但没有多少企业愿意为此支付广告费。粉丝们关注段子就是为了图个乐,如果给粉丝推荐产品,粉丝还真不见得会买。所以如果想从事自媒体,一定要想清楚以下几个问题:

① 我的定位是什么?

② 我要吸引什么属性的粉丝?

③ 吸引粉丝以后怎么变现？

目前自媒体的收入来源大致可分为以下几类：

① 挣厂商的钱：帮厂商写软文、发软文，这是很多科技类自媒体盈利的途径。

② 挣粉丝的钱：向粉丝销售产品或服务，这种类型对粉丝精准度要求是最高的。

③ 挣平台的广告分成：挣平台分成靠的是文章阅读量，收入相对稳定，但收入普遍偏低。

(2) 什么热门，做什么

这是很多人做自媒体时所追求的，追求热门领域、热点事件，什么热做什么。选择热点的好处有很多，但是坏处也不少。

1) **竞争激烈**

热点事件大家都在关注，各种媒体都在追踪报道，这种情况下，势必造成激烈的市场竞争。想从众多竞争对手中脱颖而出，光靠努力是不够的，天时、地利、人和，缺了哪样都不行，所以追求热点对于靠单打独斗的自媒体人来说是比较困难的。

2) **热点转变快**

所谓热点，都是阶段性的。从行业趋势看，1999年左右门户网站是热点，2004年左右视频是热点，2008年电商是热点，2009年团购是热点，2016年自媒体是热点，2017年直播、短视频是热点。对热点的转变，百度、阿里、腾讯等大公司尚且把握不好，自媒体就更难把握了。今天的热点，难保不被明天下一个热点替代。热点事件我们可以借势、借力，但切记不能什么热就追什么。

(3) 为蝇头小利，放弃原则

很多刚刚小有名气的自媒体人很容易犯这个错误。没有名气的时候，很多人往往可以坚持自己的目标，有方向性地写，吸引目标粉丝。当写了一段时间小有名气后，就会有一些人找上门来，付费写个新闻稿、付费发篇文章之类的事情会慢慢多起来。这些付费发稿的，文章内容一般都不符合自媒体的自身定位，发布这类文章其实是对粉丝的一种伤害。曾经有过很多本来很有发展前景的自媒体，最终沦落成厂商的发稿渠道，泯然众人。还有一种情况，就是坚持不发稿、只写，看起来好像这种没什么问题。但毕竟人的精力是有限的，顾此失彼的事情可是经常发生。更有甚者，在自己自媒体平台内发布一些不受粉丝待见的广告，更是不可取。所以建议不要为了蝇头小利把自己主业给荒废了。

(4) 光写不建圈子和社群

提起社群的好处很多人都知道，但真正去实践的并不多。有很多自媒体人可能并不太重视社群建设，觉得就是一个QQ群或者一个微信群而已，并没有什么价值。其实社群的价值非常大，例如：

① 提高影响力。

② 有助于口碑提升和品牌传播，吸收更多精准粉丝。

③ 建立人际关系资源。

④ 收集信息和增加信息获取渠道。

⑤ 增加内容的曝光度。

⑥ 方便联系和了解用户。

社群是基于相同兴趣爱好而聚集起来的，作为社群的发起者，其影响力是不可替代的。利用文章建立社群是最快速的方法。

(5) 找不准自己的优势和定位

很多人想做自媒体人,但就是找不准定位,不知道自己该写什么。其实定位这个事情,还是要从自身优势找起,专注自己最擅长、最感兴趣的领域写,这样往往要比写那些自己不擅长的话题要容易得多,也不会那么痛苦。

(6) 不能坚持

做自媒体人最重要的是坚持。例如有些新手会说"今日头条新手期总也不过,再过一个月不过新手期,就放弃不写了""微信公众号怎么还不开放原创功能,再不开放,我都快坚持不下去了"。

自媒体人既不是给今日头条写内容的,也不是给微信公众号写内容的,这些都是自媒体的一个发布渠道而已。今日头条新手号每天可以更新一篇文章,有多少人能坚持每天都更新一篇原创文章?每天发一篇文章都不是一件简单的事情,更何况是一个人坚持。不过但凡能坚持下来写的,最终都能取得很大成绩。

(7) 死守微信公众号

在很多自媒体人的眼里,微信公众号是非常重要,甚至是唯一的渠道。但是,微信公众号仅仅是其中一个发布文章的渠道而已。

所以建议现在正在做自媒体的人,千万不要死守微信公众号。不仅不能死守微信公众号,包括今日头条、一点资讯、搜狐自媒体等,每个渠道都不能死守。自媒体最应该做的是广泛利用每一个自媒体渠道,包括传统博客渠道。不放过任何一个可以发文章的渠道,但也不要死守任何一个自媒体渠道。

活动 2　自媒体营销策略

由于自媒体的渠道、内容完全掌握在自己手里,所以内容怎么写、什么时候发也完全由自己说了算。在进行营销的时候,可发挥的空间会比较大,这是媒体的优势,但并不是说发一篇文章就算是自媒体营销了。

1. 自媒体营销核心

作为自媒体人,不像企业那样有大量资源、资金和人力投入。能投入的可能仅仅是自己的努力和时间,所以制定一个明确的策略,有助于节省时间,提高效率。

(1) 用心了解用户

自媒体时代,信息严重过剩,用户不缺内容。一个用户从来不会只关注一个微信公众号,也不会只订阅一个头条号。怎么能让用户在众多内容中关注我们,喜欢我们呢?

在做自媒体营销之前,需要弄清楚以下几个问题:

① 我的用户是谁?

② 他们喜欢什么?

③ 他们在哪里阅读?

④ 他们有什么阅读习惯?

微信在 2015 年 10 月 23 日的时候公布过一组统计:"90 后"最爱娱乐八卦,"80 后"喜欢国家大事,"60后"钟情鸡汤文化。

那么,你的目标用户是几零后呢?他们关心什么呢?用心去了解你的用户,是十分重要的。

(2) 注重内容质量

信息过剩的时候,越是优秀内容就越重要。道理很简单,用户没有那么多时间阅读,所以只会选择自己喜欢的内容。优质内容是留住用户最有效的手段。

什么是优秀内容?能吸引目标用户持续关注的就是优秀内容。至于说文章语法是不是正确,语句是不是通顺,是不是文章内所有想法都是自己独创的,这个很重要吗?我们不是语文考试,只要你的目标用户喜欢就好。

(3) 敏锐地抓住热点事件

如果能自己打造热点事件,这是最理想的,但对于大多数自媒体人来说,这是不现实的,热点事件的出现需要多方因素的配合。

既然创造不了热点事件,那就借着别人的热点事件,搭个顺风车。想抓住热点事件,需要有敏锐的洞察力,多关注一些热点事件常"出没"的地方。比如微博热点话题、微信朋友圈、百度贴吧、头条号的热点新闻等,只要出来一个热点事件,就想想能不能和自己的企业、产品靠上边。

(4) 注重传播的多样性和多渠道化

传统媒体时代,营销的渠道就那么几种,电视拍视频广告、杂志登平面广告、网站挂广告、视频网站贴片广告,都免不了找媒体,出大价钱买广告位。

新媒体就不一样了,渠道已经不再被几家大公司掌握。虽然平台还是人家的,但自媒体人可以自主发布各种信息,不需要再经过平台方同意了。所以在做营销的时候,一定要利用好现有的营销渠道。微博、微信公众号、朋友圈、自媒体平台,甚至博客、专栏、论坛,能将信息传播出去的渠道都可以使用。

有一点需要注意,每个渠道的用户群都不完全相同,用户习惯也不完全相同,所以需要了解每个渠道的用户习惯,注重传播的多样性,以用户喜欢的形式,将用户能接受的内容呈现给用户。

2. 内容营销

内容营销是自媒体最常用的营销方式。自媒体本身就是一个媒体,所以在做营销的时候,除了追求自身内容的曝光量,是否能够引起舆论广泛传播也是需要关注的重点。因此在传播的时候,内容的策划非常重要。要让发布的每一条信息,都变成真正能吸引眼球的新闻,甚至让媒体主动转载,而不是花钱传播。

3. 借势营销

借势营销是将销售目的隐藏于营销活动之中,将产品推广融入到一个消费者喜闻乐见的环境里,使消费者在这个环境中了解产品并接受产品的营销手段。具体表现为通过媒体争夺消费者眼球、借助消费者自身的传播力、依靠轻松娱乐的方式等潜移默化地引导市场消费。换言之,借势营销是通过顺势、造势、借力等方式,以求提高企业或产品的知名度、美誉度,树立良好的品牌形象,并最终促成产品或服务销售的营销策略。

名人效应很普遍,例如很多厂商都在请名人做代言人,因为受众对名人的喜欢、信任,会转而对产品喜欢、信任,这是典型的利用名人效应的方法。名人本身有影响力,在其出现的时候能达到事态扩大、影响力加强的效果。

名人可以是影视明星、体育明星、文化名人、社会名人等,具体选择哪类明星,要看企业的需求、资源和时机。名人策略是企业最常用的策略,不管大企业还是小企业,都会寻求各种明星、名人进行代言或成为其形象大使。然后围绕名人,制造大量新闻,引起媒体及消费者的注意,以达到提升品牌知名度、提高销售量的目的。

对于大多数企业来说,是很难有实力请名人代言的,但没有名人代言,也可以巧借特定名人的名气进行传播。

4. 植入广告营销

广告植入式营销在任何时候都可以做,甚至自媒体发布的每篇文章,都可以进行广告植入。这也是植入广告营销的优势。广告植入类型分为以下两种:

(1) 软植入

软植入是很常用的一种营销方式,也是自媒体经常用到的一种营销方式。所谓软植入,就是把一篇软文写得让用户感觉不到是一则广告。

(2) 硬植入

很多新媒体营销人员觉得新媒体不适合硬植入,其实不然,有些企业、有些渠道也是适合硬植入的。

例如服装品牌ZARA的微信公众号,所有信息都是在推荐它的产品和活动,没有心灵鸡汤,没有情怀,只有产品推荐。所有信息都是简单直接的产品信息、促销,效果也不错。为什么呢?分析一下用户需求就不难理解了。能关注ZARA的,会是一群什么年龄段的人群?他们关注ZARA是为了看时尚信息吗?肯定不是。他们关注ZARA的目的就是为了能及时看到有没有新品上线、有没有活动。所以ZARA就以最简单直接的方式把这些信息展现给用户,这就是硬植入广告。所以不要认为硬植入就一定不好,关键要看什么形式能更好地满足用户需求。

活动3 自媒体写作技巧

自媒体最重要的事情是写原创文章。很多人在写文章的时候,都因为自己现有的知识层面,会有自己擅长和不擅长写的领域。

1. 快速写作方法

虽然写作水平是需要长期实践和积累才能提高的,但是写作也有一定的方法和技巧。通过以下三个步骤,即使文笔不太好的人也可以在较短时间内写出原创文章。

第一步:收集资料。

在确定要写一个选题以后,不要第一时间提笔去写,而是要先了解与此主题相关的信息,看看其他人是怎么说的,通过搜索引擎收集相关文章,将与我们关注内容相关的文章都先收集起来。

这一步要求多阅读、多收集,不只是收集自己认同的观点,还可以收集自己不认同的观点。总之,就是多阅读、多收集。想写出一篇有深度的文章,至少也要收集八篇十篇以上,然后看这些文章里哪些观点认同,哪些观点不认同。这要求养成阅读和收藏文章的习惯。

第二步:搭框架。

收集素材并进行阅读以后,就可以开始为文章搭框架、列要点。这才是写原创文章最难的环节。

一篇原创文章写得是否丰富,要看框架搭得好不好。在搭框架这一步不要去想文章怎么写,只需要想文章包括哪几部分内容会是一篇好文章。例如以下这个例子:

> 最近新闻公布,美团用 37 亿美元收购了摩拜单车,如果我们想写一篇美团收购摩拜的评论类文章,应该怎么搭框架?因为我们既不是美团内部员工,也不是权威媒体,能了解到的信息非常有限。在这种情况下,怎么写出有深度的文章呢?
>
> 挖掘问题要点:
> 摩拜为什么会被收购?
> 摩拜可以从中获得什么?
> 美团公司可以从中获得什么?
> 摩拜的竞争对手、投资人是什么反应?
> 摩拜一共拿了几轮融资?
> 摩拜的创始人今后何去何从?
> 行业专家是怎么评论这件事情的?
> ……

我们可以继续列出多条要点。因为有了素材收集的步骤,每篇素材中多少都会写一些观点,所以有这些素材作为基础,列这些要点内容并不难。

然后再看看,哪些是读者关心的,哪些是读者不关心的。把你认为读者关心的要点留下,不关心的删除。

小技巧

如果不会列的话,可以看看别人的文章怎么写的,可以把别人文章里的要点列出来,或者把别人文章标题当成自己文章的一个要点。

第三步:填内容。

这是最后一步,1 000 字的文章,如果我们规划有 5 个要点,那每个要点大概只有 200 字。如果还不知道怎么写的话,还有一个办法。

每个部分里面的内容可以借鉴一下素材文章的内容。但不要只借鉴一个,至少要借鉴三个以上,然后用自己的语言修改一下。

通过这样的组合,虽然我们不是掌握第一手信息,但写出的内容也不缺乏观点。如果有英文翻译能力,还可以去国外的网站,看看国外媒体是怎么评论的,然后引用到自己的文章中。这样,一篇观点丰富的评论类文章就写出来了。

小技巧

1. 一篇好文章,还需要有恰当的配图。自媒体平台的文章,最好配三张以上的图片,这样在手机客户端推荐时的效果才美观。如果文章内容再长一些,可以为每个要点都配一张图。

2. 文章内容不需要严格按照平时作文的写作方式进行,可以适当多一些作者自己的语言风格。

3. 如果内容太少,可以分多段,多配图,这样从视觉上看起来内容会比较丰富。即使内容多,也建议多分段,把重要的要点单独分段,有助于读者阅读。

对于一个自己不熟悉的领域,前期多收集材料,多阅读,多学习确实有必要。在学习消化的同时,列出文章提纲,即文章中的小标题。然后再根据小标题组织内容,这样一篇有深度、有内容的文章就可以写出来了。

2. 最受欢迎的自媒体内容类型

掌握了文章写作方法以后,再来看一下最受欢迎的几种自媒体内容类型:

(1) 新闻类

在任何时候,当下热点的时效新闻都能够吸引足够多的眼球。所以,不管哪类自媒体,都应该将新闻类内容作为常规内容之一。作为自媒体运营者,要重点关注两方面新闻:一是和自媒体定位相关的新闻;二是人人都关心的大众化新闻。

新闻类的优势明显,劣势也很明显。新闻对时效性要求非常高,同时,对自媒体人的新闻敏锐性要求更高。能不能及时抓住热点事件,最考验自媒体水平。所以新闻类自媒体,拼脑力,更拼体力。

(2) 知识类

知识类内容可以是大众知识,也可以是行业知识或专业知识,比如常见的各种健康知识,比如《千金不换的99个民间秘方》等。

不过知识类文章一般分专业,大综合的知识类文章,聚集的用户不精准,效果也不太好。知识类最受欢迎的当属养生知识类文章,一篇文章可能有几十万的阅读量。

(3) 经验类

经验类内容主要是指人们在生产生活中总结出的一些心得、技巧、方法。可以是大众的,也可以是专业的。大众的例如《防止被宰:丽江旅游攻略》《10个生活中不知道的小窍门》《淘宝购物,如何防止上当受骗》《写给那些战"痘"的青春》;专业的例如《一个小公司老板的日常管理,竟被亿万创业者疯转》。

(4) 行业类

行业类文章更容易理解，从大方向来说，可以提升到产业划分的高度，比如互联网、金融、传统企业。从行业类型分可以分为电子商务、互联网营销、媒体等。从工作职责分可以分为推广、策划、文案、设计、技术、产品等。每个行业都是一个独立的个体，都有属于自己领域关注的内容。专注于行业内容，也可以成为很优秀的自媒体。

(5) 搞笑类

搞笑类内容永远都不过时，无论图片、文字还是视频，任何时候都会勾起用户的兴趣，但前提是真的足够搞笑。其实搞笑类内容最好做的是：段子。当然如果你有一点 PS 功底还可以做成图片。搞笑类内容的阅读量非常大。现代人每天工作压力都很大，利用碎片时间博自己一乐是很多人的选择。

(6) 情感类

情感类内容的核心是以情感人，具体的操作手法有：打故事牌，如《半个西瓜的故事！已婚、未婚必看！》；打怀旧牌，如《绝对看到你飙泪！超多80后童年记忆大收集》；打感情牌，如《一个女人写的婚后感言，看完直接失眠了》《写给天下那些傻女人，句句戳心》《那些年我们读过最动人的情书》。人们对情感类文章普遍没有免疫力，只要能感动读者，阅读量也会非常高。

(7) 鸡汤类

朋友圈中最多的内容之一就是"鸡汤文"了，这也变相证明"鸡汤"是大众喜欢的"美食"之一。有数据表明，"鸡汤"类文章更受"50后""60后"人喜欢。

(8) 爆料类

每个人都有一颗八卦的心，对未知事情有一种莫名的好奇心，所以爆料类的文章往往会非常受欢迎。爆料类内容往往是大多数人接触不到的，能把大家的好奇心给勾起来，所以一般效果会不错。

(9) 故事类

应该说我们从小就是看着、听着各种故事长大的。小的时候家长会讲各种童话故事、民间故事，电视上还有各种动画故事，书上有漫画故事，长大了自己会看小说、电影等。所以，故事类内容是非常好的内容之一。故事类内容除了文字，还可以做成音频，效果也非常不错，典型代表如凯叔讲故事，也算是自媒体创业成功的典范，其靠的就是给小朋友讲故事。

(10) 励志类

越是压力大的人、浮躁迷茫的人、缺钱的人、失败的人，越是需要励志内容。再加上我们目前还是发展中国家，不像发达国家物质基础那么牢固，大部分人还要适当激励一下的，所以励志类的内容也比较受欢迎。

(11) 八卦类

就像在"爆料类"说的那样，每个人都有一颗八卦的心，除了用来一探究竟外，纯八卦也挺有市场。各种娱乐八卦、名人八卦在媒体和朋友圈里的比例较大，虽然这类内容很俗，但是用户喜欢。所以如果想做一个合格的自媒体人，可以为八卦生活找一些素材。只要足够八卦就可以。

(12) 观点类

观点类内容，顾名思义，就是以观点、思想取胜。这类内容想吸引关注，观点就一定要与众不同,要么极具争议性,要么非常独到,要么异常犀利,要么很有深度。观点类内容容易形成影响力。比如"罗辑思维",就是靠观点取胜的。

(13) 排行类

排行类内容都比较受欢迎。例如,《中国美女城市排行榜新出炉:哈尔滨第一,重庆第二》,再如百度 2016 年还出过一个《中国网红十年排行榜》,都是很吸引眼球的。排行类文章的好处在于,会有很多媒体或自媒体人引用数据,也就是说,会有很多媒体在主动传播,容易产生影响力。

(14) 案例类

案例类内容往往都是真人现身说法。一是真实可信;二是内容来源于实践,可操作性强;三是更贴近用户的生活和实际。所以此类内容也都非常受欢迎。不过案例类内容有一个明显的缺点:素材收集比较困难,需要花费相当多的时间和精力。

(15) 研究类

研究类内容往往都会让受众学到或了解到许多非常有用的知识,所以这类内容都非常受欢迎。例如柴静的《穹顶之下》就很有代表性。不过这类内容也有一个缺点:写作成本太高。

3. 自媒体文章起标题技巧

标题直接决定了读者会不会点击进来阅读文章,所以一篇好文章,一定要配一个好标题。文章在起标题方面,也是有很多技巧的。

(1) 以"利"诱人

自媒体的文章中有相当一部分是软文,软文一般都是商家发布宣传产品、品牌的文章,所以一定要以"利"诱人,在标题中就直接指明利益点。

典型标题案例:

《小站长年收入 10 万不是梦——我的奋斗历程》(某网站培训软文标题)

《留下你的 10 块钱,也留下你的痔疮》(医疗软文标题)

《注册某网站会员,即送 100 元现金券》(某网上商城软文标题)

(2) 以"新"馋人

人们总是对新鲜的人、新鲜的事物感兴趣,这是人之常理,把握住这个特征,往往会引发巨大的轰动。特别是在网络传播的时候,可以获得更多的转载。这类文章标题常用的词语包括:惊现、首度、首次、领先、创新、终于、风生水起、暗流涌动。

典型标题案例:

《记者观察:网上项目外包风生水起》(某网站软文标题)

《我市惊现"日光盘"》(某楼盘软文标题)

《苹果 AIR 创、新、薄(世上最薄的笔记本电脑)》(苹果公司软文标题)

《终于,多功能车开始用安全诠释豪华》(途郎轿车软文标题)

(3) 以"情"动人

人都是有感情的动物,亲情、友情、爱情,在这个世界上我们被"情"所包围着。所以借助这个特性,在文章标题可以抓住一个"情"字,用"情"来感动读者。

典型标题案例：

《19年的等待，一份让她泪流满面的礼物》(某礼品软文标题)

《为了这个网站，我和女朋友分手了》(某网站软文标题)

《老公，烟戒不了，洗洗肺吧》(某保健品软文标题)

(4) 以"事"感人

从小的时候，我们就听爸爸妈妈们讲故事，长大一点，认识了汉语拼音和简单的一些字，我们开始阅读故事。成年了，我们喜欢看《知音》之类的故事性杂志。可见从小到大"故事"一直陪伴我们身边，而故事型标题也更容易感动人，吸引人阅读。

典型标题案例：

《那些年，我走过的弯路》(某招商手册软文标题)

《一个湖北汉子和他的世纪华峰装饰品牌梦想》(某装饰公司软文标题)

《我和采茶美女的邂逅》(某茶叶软文标题)

(5) 以"悬"引人

电视剧《潜伏》播出当年，收视火爆，为什么这部剧会吸众人关注，很大程度是因为一个接一个扣人心弦的剧情，因为你总猜不出下面一集剧情会走向何方。写文章也是如此，从标题上，就埋下伏笔，使读者由于惊讶、猜想而读正文。此类标题应具趣味性、启发性和制造悬念的特点，并能引发正文作答。

典型标题案例：

《是什么让他的爱车走向了不归路》(某防锈产品软文标题)

《如何一周工作80—100小时还能拥有自己的生活？》

《高端乳酸猪肉是忽悠吗》(某食品软文标题)

《我是如何从失败中奋起，进而走向成功的》(某培训软文标题)

(6) 以"秘"迷人

和悬疑一样，大家最喜欢听到各种真相，人类的求知本能也让大家更喜欢探索未知的秘密。于是揭秘的标题往往更能引发关注，如果大家留意中央电视台春节联欢晚会，会发现每年的魔术只要一结束，网上就会兴起揭秘潮，而相关的帖子也被炒得火热。这类标题常用的关键词：秘密、秘诀、真相、背后、绝招等。

典型标题案例：

《半个月瘦身10斤，秘密首次公开》(某减肥产品软文标题)

《净之美热销的背后》(某化妆品软文标题)

《让销售业绩提升三倍的九种方法》(某培训班软文标题)

《小心被宰！低价做网站的惊天秘密》(某虚拟运营商软文标题)

(7) 以"险"吓人

恐吓型标题最早见于保健品软文中，通过恐吓的手法吸引读者对文章的关注，特别是有某种疾病的患者，看到相关文章后更能引发共鸣。后期，这种恐吓手法也开始转变，转为陈述某一事实，而提供的这个事实，能让别人意识到从前认识的错误，或者产生一种危机感。

典型标题案例：

《高血脂，瘫痪的前兆》(某保健品软文标题)

《天啊，骨质增生害死人》(某保健品软文标题)

《30岁的人60岁的心脏》(某保健品软文标题)

《一生有三分之二的时间,是在床上度过的,为什么不选个好床垫呢?》(某床垫的软文标题)

《如果你不在乎钙和维他命,请继续喝这种豆浆》(某食品的软文标题)

(8) 以"问"呼人

文章标题如何让读者感觉更亲近？最简单的方法莫过于打招呼,就如我们见面会问的一句话"吃了吗"。显然,以对话、发问的形式,或者直呼其名的方式往往更能吸引读者的目光,甚至可能一些不是你发问的人群会因为奇怪,相反会关注到这篇文章。

典型标题案例：

《某,某他们都来了,你呢》(某活动软文标题)

《1982年出生的人来聊聊》(某产品软文标题)

《还有谁想要雅思、托福、GRE学习资料》(某培训机构的软文标题)

(9) 以"趣"绕人

一个好的文章标题,读者阅读后往往会过目不忘,这个就得益于文章创作者所使用的语言。生动、幽默、诙谐的语言,可以将标题变得活泼俏皮；恰当地运用修辞手法、谐音的效果,可以令读者读后回味无穷,甚至乐意进行口碑传播。

典型标题案例：

《赶快下"斑",不许"痘"留》(某祛痘化妆品软文标题)

《有"锂"讲得清》(某手机电池软文标题)

《不要脸的时代已经过去》(某润肤水软文标题)

(10) 以"议"动人

建议型的标题是我们经常看的标题,特别是做促销活动时候,这样带有鼓动性的标题更为多见,但是建议型的标题要想跳出常规,需要下一番苦功。可以从人们的逆反心理着手,不让他干什么,这样读者往往会想着干。

典型标题案例：

《智商200以上才能看懂的5张图》

《你这辈子也想不到的5个生活小常识》

《千万不要为了当老板而去创业》

(11) 巧借"名人"

名人的事情都是大众所关注的,无论是他们的工作,还是他们的生活,或是他们的兴趣等,如果所宣传的事物或者产品能和名人靠靠边,借着名人的噱头,定会吸引不少读者的眼球。北京奥运会的时候林丹夺冠后把自己的鞋扔向观众席,第二天淘宝就出现1万多的林丹冠军鞋,这就是明星效应。

典型标题案例：

《赵雅芝年轻20岁的秘密》(某化妆品软文标题)

《李冰冰最喜爱的几款包包》(某品牌包软文标题)

《巩俐：欧莱雅,你值得拥有》(某化妆品软文标题)

(12) 巧借"牛人"

在信息化的社会里,除了公众的名人外,各行各业都有一些公认的牛人,借助这些牛人或者这些知名机构,从他们口中发出声音,吸引大家的关注。

典型标题案例:

《一天收益上万元,创业牛人的生意经》(某招商机构软文标题)

《PS 大师某告诉你怎么画一个西瓜》(某培训机构软文标题)

《任正非:钱分好了,管理的一大半问题就解决了》

(13) 借"热点"

抓住社会上的热门事件、热门新闻,以此为文章标题创作源头,通过大众对社会热点的关注,来引导读者对文章的关注,提高文章的点击率和转载率。文章撰写者可以借助百度的搜索风云榜(http://top.baidu.com/)来关注最近热门事件,如图 4-64 所示。

图 4-64 百度搜索风云榜

典型标题案例:

《神六采用爱国者 U 盘,能重复擦写百亿次》(某数码产品的软文标题)

《面对"用工荒",企业如何借力电子商务》(某网站的软文标题)

《情人节鲜花预定火爆》(某鲜花网的软文标题)

(14) 借"流行"

在网络的世界里,每隔一段时间就会有一些流行词汇出现,例如"Hold 住""你懂的""伤不起"……使用这些频率高的流行词汇,在一定程度上也能吸引读者的关注。

典型标题案例:

《彻底粉碎"疯狂的石头"》(某医疗软文标题)

《iPhone 7 抽奖进行时,你怎能"Hold 住"》(某活动软文标题)

《DUANG,房价真的降了》(某地产软文标题)

(15) 借"文化"

借助诗词、成语典故、古汉语、谚语、歇后语、口语、行业内专业术语、外语和方言土语、人名地名、影视戏曲歌曲等来创作文章标题,提升文章的"文化涵养"。

典型标题案例:

《第一视频叫板央视:同根不同命,相煎已太急》(某视频网软文标题)

《房价下跌,百姓只问不买中介只求"非诚勿扰"》(某中介软文标题)

《"双汇"掉泪了》(某食品软文标题)

(16) 夸大型标题

利用对某件事情或者某个观点夸大的看法,来吸引读者的注意力,进而对文章的内容产生兴趣。

典型标题案例:

《99%的人都因为这个小错误多花了1 000元装修款》(某装修网软文标题)

《30岁的人,60岁的心脏》(某保健品软文标题)

《200万人的健康和这个观点有关》(某保健品软文标题)

(17) 史上型标题

一提及某个时间段之最的事情,往往会引起关注。利用这个特点,在文章标题写作的时候可以借助"史上最×",来达到吸引读者的目的。

典型标题案例:

《史上卖得最疯狂、N次断货的女装》(某女装软文标题)

《史上最省钱的团购就在今夜》(某电商软文标题)

《史上人气最高的软文培训教程》(某培训机构软文标题)

(18) 对比型标题

这类文章标题通过与自己或同行进行比较,来显示自己的优越性,使读者对文章所要宣传的产品或服务的独到之处有深刻的认识。

经典标题:

《月薪3 000和月薪30 000的文案区别》(某培训机构软文标题)

《她是一个女人,却活出了男人的姿态》(某活动软文标题)

《中国公关面临十字路口:向左走,向右走》(某公关公司软文标题)

(19) 数字型标题

数字的威力有多大?数字能给人什么样的心灵碰撞?巨大数据产生的效应会多大?这些问题不需要去解答,只需要认真思考当遇到数字的时候,我们的心到底有多震撼。用数字震撼一个人的心灵,从数字中寻找好奇心的答案,从数字中得到一种力量。

典型标题案例:

《医生不想让你知道的10个惊天秘密》(某产品软文标题)

《快看,他就是第90 000个M-Zone人》(移动公司软文标题)

《5天时间,赚足3 800元!》(理财产品软文标题)

《素材中国:五分钟PS出一个漂亮的Logo》(某网站软文标题)

拓展任务1

请你查看"百度搜索风云榜"→"热点"→"民生热点",选取其中一个热点词,参考快速写作法的技巧,写一篇原创文章。

拓展任务 2

把你在拓展任务 1 中完成的原创文章,通过各种渠道发布并进行推广,一周后统计阅读量和转发量。总结汇报你采用了哪些方法进行推广,效果如何?有哪些值得改进的地方?

项目练习

1. 单选题

(1)(　　)是主要面向名人、政府、媒体、企业等机构推出的合作推广业务。
　　A. 微信朋友圈　　　　B. 微博　　　　　　C. 微信公众平台　　　D. 微商
(2) 以下关于微信公众平台表述正确的是(　　)。
　　A. 微信公众号分为两类:服务号、订阅号
　　B. 认证的服务号可以在图文信息中插入超链接发送微信图文消息
　　C. 服务号、订阅号都可以设置自定义菜单
　　D. 订阅号不可开通微信支付
(3) 微信公众号获得原创声明功能需要哪些指标?(　　)
　　A. 注册时长:运营的账号需要达到一定的注册时长
　　B. 原创度:原创文章的数量占文章总数的比例
　　C. 无违规:账号注册后的运营过程中,不存在违规行为
　　D. 以上都对
(4) 加"V"用户的"V"代表什么意思?(　　)
　　A. "VIP",表示该用户是重要人物
　　B. "victory",表示这人胜利了
　　C. "vegetables",表示他是菜鸟
　　D. "verification",表示是实名认证用户
(5) 以下关于移动营销中的微信营销说法正确的是(　　)。
　　A. 微信公众号倾向于企业,用来做品牌和推广,维护老客户,吸引粉丝从而发掘新客户
　　B. 微店都是通过微信开设的
　　C. 朋友圈营销倾向于团体,现在许多中小卖家用朋友圈来向朋友卖货,通过"熟人"关系的购买率十分高,也被称之为"熟人经济"
　　D. 微信平台就是移动电商
(6) 在运用朋友圈进行营销时以下哪个因素是相对重要的?(　　)
　　A. 好友数量　　　　　　　　　　　　　B. 与好友彼此的信任
　　C. 发送营销消息的数量　　　　　　　　D. 营销内容是否有趣
(7) 以下针对移动营销中的微博营销表述正确的是(　　)。
　　A. 微博粉丝众多当然是好事,但是,对于微博营销来说,内容评论数量更重要
　　B. 那些能对用户创造价值内容的微博,自身价值才会不断提高,微博营销才可能达到期

望的商业目的
C. 微博就像一本随时更新的电子杂志,想让大家养成观看习惯,维持微博的活跃度,就要不断更新内容
D. 微博的魅力在于阅读,拥有大量的忠实粉丝是很重要的

2. 多选题

(1) 以下针对微信公共账号营销技巧说法正确的是( )。
    A. 推送的内容要与账号运营定位相符
    B. 微信公众号的定位就是一个账号运营的方向,运营方向也决定着一个账号吸引来的用户群体
    C. 现在做运营讲究内容为王,用户之所以关注,是因为在这能得到他想要的价值内容
    D. 推送的内容中巧妙地植入关于产品的广告

(2) 在移动电子商务中,移动端如何更好地积累粉丝?( )
    A. 发送各种各样的消息,多发消息才能引起粉丝注意
    B. 增加粉丝的参与感
    C. 增加粉丝的归属感
    D. 调动粉丝的自主传播意识

(3) 在移动电子商务营销中进行粉丝经济,应该注意( )。
    A. 充分的尊重用户,避免急功近利而触及粉丝"软肋"
    B. 提高企业的实力与形象魅力
    C. 为用户提供更多的人性化价值与便利
    D. 寻找触点,培养忠诚度

(4) 在日常的O2O店铺营销中,常用的办法是( )。
    A. 参加平台的营销活动
    B. 店铺自行举办主题活动
    C. 利用用户的评价
    D. 发送传单

(5) 一个企业的微博矩阵应该包含( )。
    A. 个人微博   B. 企业官方微博   C. 市场微博   D. 产品微博

(6) 在微博中如何查找用户?( )
    A. 在"发现"中搜索   B. 在"找人"中搜索
    C. 在"发现"中按住话筒语音搜索   D. 在发送微博页面搜索

(7) 微博活动类型包括( )。
    A. 有奖转发   B. 幸运转盘   C. 有奖征集   D. 免费试用

(8) 一个好的微博活动名称应该( )。
    A. 内容丰富   B. 短小精悍   C. 抓住重点   D. 突出主题

(9) 一个成功的微博活动应该是( )。
    A. 活动内容跟节日紧密相关   B. 活动名称及话题吸引用户
    C. 活动规则简单   D. 奖品丰富

(10) 微信服务号偏重服务,那么服务号更加适合哪些服务类行业?(　　)
　　A. 电信运营商　　　B. 餐饮企业　　　C. 银行服务　　　D. 航空公司
(11) 以下哪些方式属于微信服务号的推广方式?(　　)
　　A. 专业文章推广　　　　　　　　B. 朋友圈转发推广
　　C. 搜索引擎营销　　　　　　　　D. 官方平台推荐
(12) 如何经营一个微信小店?(　　)
　　A. 大量的文章宣传　　　　　　　B. 明确的客户群与定位
　　C. 粉丝经济的合理利用　　　　　D. 海量的信息内容推送
(13) 以下哪些是在微信小店中设置细致的店铺分类导航的优点?(　　)
　　A. 体现店家的有条不紊
　　B. 手机用户容易冲动消费,因此细致的导航页可以快速达成交易
　　C. 手机页面刷新慢,避免客户失去耐心
　　D. 方便客户能够快速的寻找到自己想要的东西

3. 简答题

(1) 请你分析传统媒体和微信自媒体的优劣和各自未来的发展趋势。
(2) 你认为运营微信自媒体吸粉和维护粉丝最重要的是哪几点?
(3) 请你关注公众号"科学松鼠会":
　　① 对此账号目前的运营情况做分析;
　　② 请你对此账号的运营模式和目标群体定位提些建议。
(4) 现在微信的内容推送同质化比较严重,你觉得该如何解决这一问题?
(5) 如何减少僵尸粉,提高粉丝的活跃性?
(6) 假设你是某微信公众号主编,该公众号的定位为面向"80后""90后"受众提供生活资讯。现在有下列 4 个选题,你觉得哪个更适合作为今天的头条?请简述你选题的思路。
　　① 中国"80后"生存现状调查发布;
　　② 我市地铁 8 号线今日开通;
　　③ 市公积金政策调整;
　　④ 强冷空气到达,今晚开始大降温。

项目五 微店运营

项目目标

通过本项目的学习,应达到以下目标:
◇ 了解适合微营销的常见商品
◇ 了解微商城店铺的特点和优势
◇ 能完成微商城店铺的注册
◇ 能完成微信公众号的注册
◇ 能管理微商城店铺

任务 1　开设微店

要开设微店,首先要选择一个微商城平台,然后在该平台注册并申请开通微店。市面上的微商城平台众多,下面我们将选择云起微商城作为开店的平台,了解开设微店的步骤。概括来说,在云起微商城开店的步骤主要有:
① 注册商城账号;
② 创建个人的商城店铺;
③ 认证店铺;
④ 注册微信公众号;
⑤ 绑定微信公众号。

活动 1　注册微商城

小明是电子商务专业的学生,他组建了一个校内社团,打算利用微商城进行运营,在校内开展电商营销活动。他和他的团队研究后发现,云起微商城提供店铺搭建、店铺推广、商品管理、订单管理、粉丝互动与管理等运营服务，还可以进行数据分析，自定义店铺装修，未来根据业务发展，开通高级营销功能，十分符合他们的需求，因此最终选定了云起微商城作为社团微商城的平台。接下来就要进入云起微商城，进行注册开店了。

为了提高工作效率，少走弯路，小明结合社团目前情况，给社团成员安排了不同的工作，分别为注册店铺、商品发布、店铺装修、交易管理、推广微店等。

小明负责注册店铺的任务，他首先登录云起微商城首页（http://yunqi.shopex.cn/），点击页面上的注册按钮，按照上面的要求填写了个人注册信息（效果如图5-1所示）。注册成功后，稍等一会，他便进入了自己店铺的后台（效果如图5-2所示）。这时店铺创建的第一步已经完成。

图5-1　云起微商城注册

图5-2　创建店铺后台

想要继续操作,就需要完善店铺信息,空空如也的店铺也不好看,于是大家决定一鼓作气完善店铺。店铺信息包括店铺名称、店铺 Logo、店铺店招、主营类目、退货地址、店铺联系方式,以及工作时间等等,其中店铺名称、店铺 Logo、店铺店招显示在店铺首页,十分重要,其他内容也会显示在店铺简介栏,方便顾客更好地了解店铺,于是大家根据社团的情况分别讨论起来。

针对讨论结果,作为社长的小明在选择主营商品时,考虑到社团主要在校内运营,面对的顾客也是校内师生,于是选择了"食品——休闲零食"类作为店铺的试运营商品,将店铺名称命名为"最 IN 零食",填写各个选项后保存(效果如图 5-3 所示)。于是店铺就创建成功了。

图 5-3 店铺设置方法

小提示

1. 微商城操作建议用谷歌浏览器,图片大小不要超过 2 M。
2. 微商城后台需要用的图片,需要提前上传到后台的图片管理中心,才能使用。
3. 店铺名称要取个容易记忆且好听的名字。
4. 店招显示在移动商城首页,高大上的店招更能吸引顾客。

活动 2 绑定微信公众号

店铺虽然创建成功了,但是微商城主要依靠移动通信工具来营销,如果没有一个强大的移动电子商务主流推广平台,局面是很难打开的。小明是一个做事很细心的人,他很早就考虑到了这个问题,微信就是他的选择。为了配合商城店铺的管理,如果能够带领团队创建一个微信公众号,实现电脑客户端和移动手机端的共同管理,也许会达到事半功倍的效果。考虑到这里,小明决定创建一个微信公众号,并且将它和"最 IN 零食"进行绑定。他一方面安排社员小丽和许丹收集整理相关资料,一方面研究注册和绑定的方法,双管齐下,事情很快就办起来了。

小知识

1. 什么是微信公众平台

微信公众平台主要面向名人、政府、媒体、企业等机构推出合作推广业务。在这里可以通过微信渠道将品牌推广给上亿的微信用户,减少宣传成本,提高品牌知名度,打造更具影响力的品牌形象。目前公众平台注册都是免费的,不需要缴纳费用。

2. 微信公众号种类

微信公众号主要分为两种,分别是订阅号和服务号,它们各自适用不同的个人及企业,具体区别如表 5-1 所示。

表 5-1 公众号的种类

类型	订阅号	服务号
特点	主要偏向于为用户传达资讯(功能类似报纸、杂志,为用户提供新闻信息或娱乐趣事),每天可群发一条消息	主要偏向于服务交互(功能类似 12315、114、银行,提供绑定信息,服务交互),每月可群发四条消息
服务重点	适合简单发消息,做宣传推广服务	适合商品销售,后续可认证再申请微信支付商户
使用人群	个人、媒体、企业、政府或其他组织	媒体、企业、政府或其他组织
举例	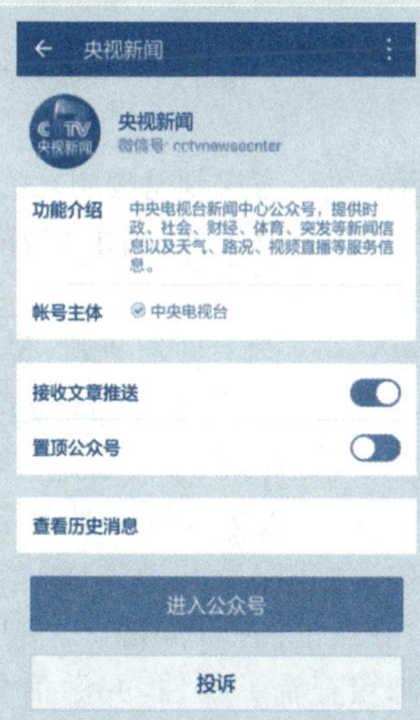	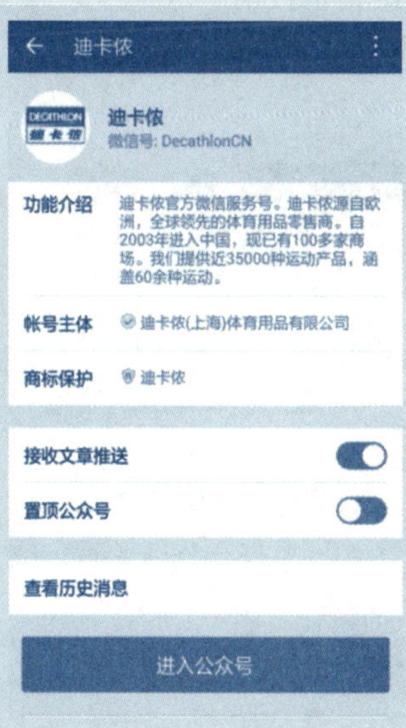

3. 注册微信公众号需准备资料(如图 5-4 所示)

公众帐号注册需要准备的材料				
政府类型	媒体类型	企业类型	其他组织类型	个人类型
政府全称	组织名称	企业名称	组织名称	身份证姓名
授权运营书	组织机构代码	营业执照注册号	组织机构代码	身份证号码
运营者身份证姓名	组织机构代码证扫描件	营业执照扫描件	组织机构代码证扫描件	身份验证
运营者身份证号码	运营者身份证姓名	对公账户	运营者身份证姓名	运营者手机号码
运营者身份验证	运营者身份证号码	运营者身份证姓名	运营者身份证号码	
运营者手机号码	运营者身份验证	运营者身份证号码	运营者身份验证	
	运营者手机号码	运营者身份验证	运营者手机号码	
		运营者手机号码		

图5-4 公众号注册所需资料

小丽和许丹通过网络查询到以上信息后,立刻准备了相关资料提交给小明,并按照小明的安排开始注册公众号。

第一步:通过电脑登录微信公众平台官网(http://mp.weixin.qq.com/),点击右上角的"立即注册"(如图5-5所示)。

图5-5 注册公众号

图5-6 公众号类型

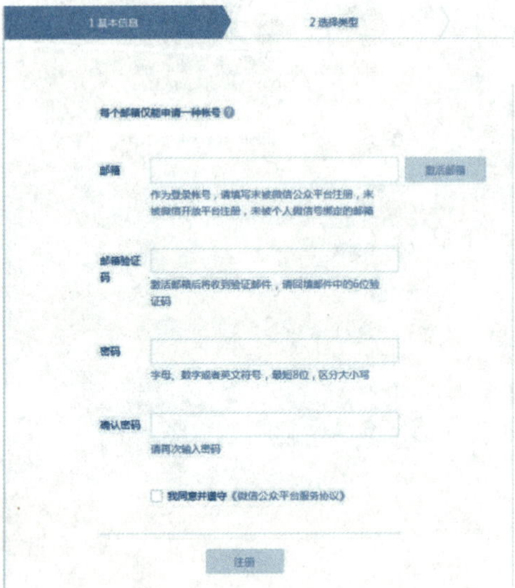

第二步:考虑到是校园社团经营的微商城,他们决定注册一个个人订阅类型的公众号(如图5-6所示)。

第三步:填写注册资料,包括注册邮箱、邮箱验证码和密码。需要注意的是,注册公众号的邮箱一定是未被公众号注册过,未被微信开放平台注册过,且未被个人微信号绑定的邮箱。填写后点击勾选"我同意并遵守《微信公众平台服务协议》",并点击注册(如图5-7所示)。小丽随后登录邮箱查看了邮件,并激活公众平台账号(如图5-8所示)。

图5-7 注册公众号

图 5-8 激活公众号

> **小提示**
>
> 若没有收到邮件:
> 1. 请检查邮箱地址是否正确,若不正确,请返回重新填写。
> 2. 请检查邮箱是否设置了邮件过滤,或查看邮件的垃圾箱。
> 3. 若仍未收到确认,请尝试重新发送(点击页面中的"重新发送")。
>
> 激活公众号:
> 1. 如果链接地址无法点击或跳转,请将链接地址复制到其他浏览器(如 IE)的地址栏进入微信公众平台。
> 2. 链接地址 48 小时内有效,48 小时后需要重新注册。

第四步:选择账号类型(如图 5-9 所示),一旦成功建立账号,类型不可更改。

第五步:进入用户信息登记页。小丽根据社团的具体情况,将小明设置成公众号的管理员,并填写了他的各项资料,一个身份证号可以注册五个公众账号。小明用自己的个人微信扫描了管理员身份验证的二维码,确认了身份。

第六步:小丽继续完善公众号,她将公众号的账号设置为"最 IN 零食 GD",填写好功能介绍和运营地区(如图 5-10 所示)。完成后公众号就注册成功,接下来就要绑定公众号了。

图5-9 选择公众号类型

图5-10 公众号信息

图5-11 商家后台

第七步：登录云起微商城（http://yunqi.shopex.cn/），输入个人账号及密码进入商家后台，点击最下方"我的软件"中的云起微商城，进入之前创建的微商城后台。单击左边列表框中的营销中心，选中"微信管理"，绑定注册好的微信公众号（如图5-11至图5-14所示）。

图 5-12 微信管理

图 5-13 绑定微信公众号

图 5-14 扫码授权

> **小提示**

1. 云起微商城目前仅支持已认证服务号的绑定。

2. 绑定后可直接在云起微商城后台管理公众号：自定义菜单、消息素材回复、公众号推广、管理微信会员卡等。

3. 一个微信号只能和一个云起微商城店铺绑定。若要更换绑定公众号时,请先解绑原公众号。

4. 绑定时,请确认将所有权限授权给云起,否则将绑定失败。

5. 解绑公众号后,微商城后台将自动把相关功能关闭(微信推广、微信会员卡、模板消息等)。

拓展任务 1

分成不同小组,每个小组成员一起商量确定自己经营的产品,设计店铺名,并将店铺名作为团队的队名。由组长分工,完成各组在云起微商城第一个店铺的注册。

拓展任务 2

注册微商城店铺的公众号,安排成员管理公众号,并绑定微商城店铺。

任务 2　上架微店商品

微商城建立好后,需要进行一系列店铺完善操作,其中上架商品是首要任务。上架商品包括商品标题、商品图片、商品信息、商品价格、商品详情,等等。好的商品详情能够抓住顾客的购买需求,是提高店铺转换率的必要手段。"最 IN 零食"主要是针对校内师生的微商城店铺,合适的价格、合格的商品才能保证大家的使用率。

活动 1　发布商品

最开始的时候大家都在为应该经营什么类型的商品而苦恼,但是最终考虑到学校内的师生是主要顾客,加上大家对市场并不熟悉,担心风险过大,所以希望选择一些适合校内经营的商品种类。小丽是团队的成员,家里有亲戚正巧有零食的进货渠道,并且退换货也方便,于是大家便选择了零食作为微商城的主营类别。相对于其他人来说,小丽曾经帮亲戚经营过淘宝网店,对商品最为熟悉,所以由她来负责上传商品信息。

为了方便日后管理商品,小丽首先通过微商城后台进入了商品分类,点击"添加分类",分别按顺序填写上"糖果饼干""休闲零食""饮料酒水""冲饮速食""进口食品",考虑到休闲零食种类比较多,所以她还在这个分类下添加了三个子分类,分别是:薯片、海苔、坚果(如图5-15所示)。

设置的商品分类可以根据自己的需求调整排序,实现上下移动,还可以在二级子分类选择显示图片分类,输入300像素*300像素大小分类缩略图,让顾客更直观地选择分类。

商品类别设置完毕后,单击商品列表选项,点击发布商品,进入商品发布编辑页面。云起微商城的商品发布页面与淘宝网店商品发布页面类似,主要包括商品信息、价格/规格/库存、详情内容、上架设置四个模块(如图5-16所示)。

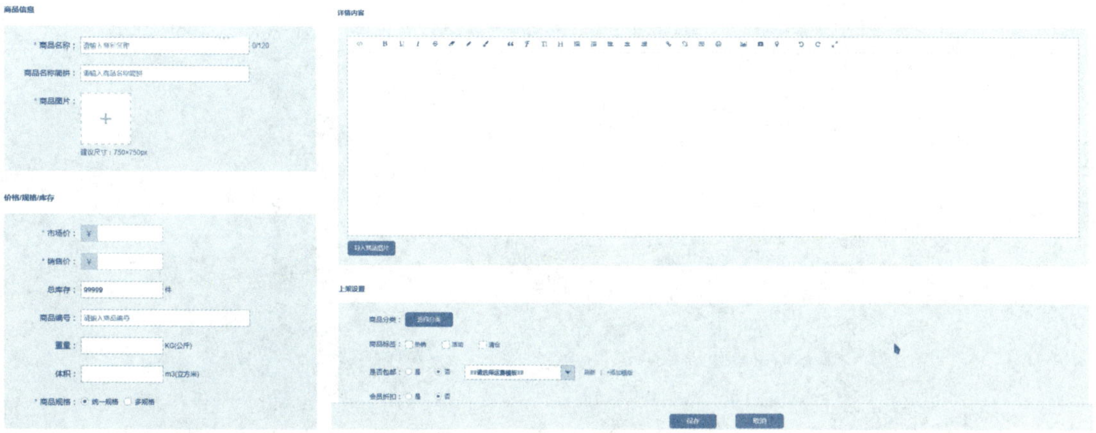

图5-15 添加分类

图5-16 商品基础信息

1. 商品信息

这个模块包括商品标题、商品标题简拼、商品图片。小丽将商品命名为"俄罗斯进口kdv糖果kpokaht紫皮糖巧克力零食礼包喜糖2斤食品包邮",并上传了商品图片(如图5-17所示)。

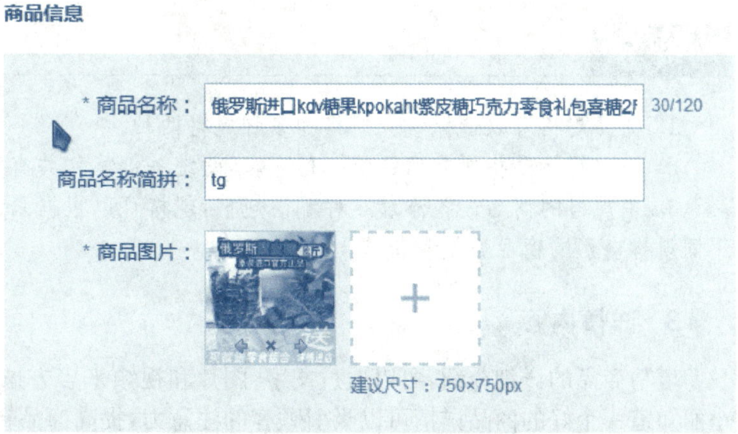

图5-17 商品信息

> **小提示**
>
> 1. 商品名称要不少于1个字,最多不超过120个字。
> 2. 商品名称简拼最多只能填写4个字符。
> 3. 商品信息里面所有带红色"＊"号的内容必须填写。
> 4. 商品图片大小为750 px×750 px,为了美观建议使用正方形的图片,可手动调整图片顺序及删除图片。

2. 价格/规格/库存

这个模块包括市场价、商品编号、体积、商品规格、价格库存。此处小丽根据商品的特点填写了各项信息。

图5-18 价格/规格/库存

> **小提示**
>
> 1. 商品规格可以选择统一规格和多种规格两种。
> 2. 统一规格是指所有商品统一格式,享受统一价格和共有数量。
> 3. 多规格的商品最多添加3种不同规格,规格可以根据系统选项设置,规格值自行设定,不同规格会影响商品数量和价格。

3. 详情内容

填写商品的详细介绍,可以通过文字、图片和视频来多方位显示商品(如图5-19所示)。小丽知道一个好的商品详情可以吸引顾客的注意力,提高商品转换率,所以她提前通过制图软件,将商品各项信息经过编辑后制成精美的海报、图片,搭配多彩的文字信息,全方位地向顾客介绍商品。

图 5-19 详情内容

4. 上架设置

这个模块包括商品分类、商品标签、是否包邮、会员折扣、上架状态。这款商品是巧克力，小丽将商品放到糖果饼干和进口商品这两个商品分类，设置标签为热销，选择了包邮和立即上架，因为这款商品已经打折，所以不再提供会员折扣（如图 5-20 所示）。

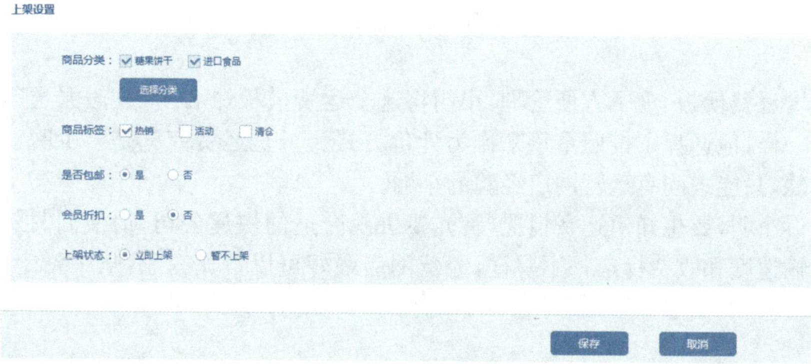

图 5-20 上架设置

全部设置完全后，第一个商品就发布成功了，小丽连忙回到商品列表，点击"预览"，在 PC 端查看，看到了最终效果（如图 5-21 所示）。店铺终于完成了商品的上架任务。

活动 2　设置运费

发布好商品之后，"最 IN 零食"微商城团队就完成了前期的工作，他们首先在自己班级里面接到了订单，完成了校内的派送工作，一切似乎都很顺利。微商城的名气也渐渐地在校内积累起来，大家对微商城的认可度越来越高。很快国庆长假就要来了，有个曾经购买过微商城商品的同学问小明：他家在外地，不知道如果放假期间在微商城下的订单，是否一样可以送到他的手上？小明团队这才发现，他们似乎将设置运费这件

图 5-21 PC 端预览

事情忘记了,他肯定地回答了同学,并开始设置运费。

小明进入微商城后台,点击设置,来到了运费设置页面(如图5-22所示)。如何根据不同购买数量、重量及距离远近来设置运费呢？不同的物流公司运费标准也不一样,统一设置的话似乎并不现实,这时我们需要设置运费模板。

图5-22 运费设置

点击新增运费模板,为了方便管理,小明将这个运费模板命名为"放假派送",因为每种零食的大小不一样,他选择了按照重量来作为计价方式。可是运费究竟是多少呢？毫无经验的他也弄不清楚,只能去问有运营网店经验的小丽。

小丽告诉小明,要想知道运费情况,首先要去找合适的快递公司,请他们"报价"。不同的物流公司运输速度和收费标准都不一样,经营网店最好可以货比三家,从中指定1—3家物流公司合作。

小知识

1. 常见的快递公司：申通快递、顺丰快递、圆通快递、韵达快递、中通快递、天天快递、如风快递、EMS和邮局普通标快。

2. 影响快递收费的计价标准分别是件数、重量、体积,收费价格一般受首重、续重和地区三个因素影响。一般来说,重量轻但体积大的商品将按照体积计价,偏远地区收费价格也比一线城市更高(如图5-23所示)。

"最IN零食"主要业务集中在校内,不需快递员配送,只需要团队成员送货即可,几乎都可以选择"包邮"的方式,即卖家承担运费。遇到节假日需要外派的订单也不多,所以小丽建议只需要在众多快递公司中找到一家合作。通过对各家快递公司的派件时间、服务态度、价格收费以及网点分布对比后,他们决定使用韵达快递。

小明联系了学校附近的韵达快递网点,向快递员拿到了收费标准,他根据收费标准,设置了运费模板。他分别按照不同省市选择,并一一填写了首重、续重的收费,很快就设置成功了

（如图5-24所示）。

图5-23 韵达快递运费收费标准

图5-24 运费模板设置

为了区分校内及校外派送的商品运费，小丽把适合放假期间校外派送的商品名称添加了"放假专享"的前缀，设置了"放假派送"的运费模板，其他的商品保持不变，仍然显示"包邮"，这样就不影响微商城的正常运营了。

活动3　导入淘宝产品

微商城建店之初,只有小丽最了解商品,几乎全部商品都是她负责上架,但是她平时需要上课,只能利用课余时间来完成,一个个商品上架的速度实在太慢,能不能加快点速度呢?她突然想到了淘宝网,帮亲戚打理的淘宝店铺就是卖零食的,同样的货源,如果能够一次性将淘宝店铺的商品信息上传到"最IN零食",那不是非常方便吗?她赶紧看了看云起商城的功能,发现了可对接淘宝等第三方店铺的工具——货店通(如图5-25所示)。

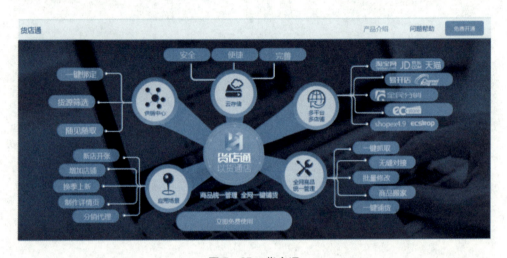

图5-25　货店通

点击微商城后台,单击商品选项中的"商品导入",可以看到使用货店通的方法(如图5-26所示)。具体步骤如下:

步骤一:下载货店通软件安装包并安装,安装完成后可进入货店通,注册账号。

步骤二:绑定货店通账号,选择云起商城后输入微商城的账号密码绑定微商城账号。

步骤三:绑定成功后,享受一键铺货。

图5-26　货运通——商品导入

1. 下载货店通软件

点击下载按钮后,可以进入货店通的主页面,进入下载渠道,下载完成按照提示步骤安装软件,货店通软件就安装好了。这时我们可以点击首页回到"用户中心"后台,查看"我的软件",可以看到自己可以订购的软件以及已经订购的软件集合(如图 5-27 所示)。等日后微商城业务发展之后,还可以根据需要继续订购需要的其他软件工具,比如淘打、ERP、情报魔方,等等。

图 5-27　我的软件

2. 绑定货店通账号

双击货店通,使用云起的账号登录软件,顺利进入货店通的首页(如图 5-28 所示),在这里我们可以看到商品中心、店铺商品、图片空间、供销中心以及平台管理。如果想要关联淘宝网店等第三方店铺,可以点击绑定店铺,进行选择绑定授权(如图 5-29 所示)。

小丽想要绑定自己的淘宝店铺,她按照以下操作开始操作:

① 选择淘宝平台。

② 点击淘宝的图标跳转至相应的平台授权页面,按照授权流程完成绑定(如图 5-30 至图 5-32 所示)。

③ 完成绑定后,小丽需到"平台管理"中选择淘宝按钮,将淘宝店的所有商品进行下载,然后再将所绑定店铺的所有商品信息同步到货店通"店铺商品"的对应店铺中(如图 5-33 所示)。

图 5-28　货店通软件首页

图 5-29　店铺授权

图 5-30 绑定授权

图 5-31 绑定授权

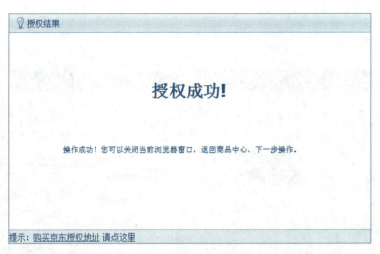

图 5-32 绑定授权

图 5-33 平台管理

步骤一:下载淘宝平台的"下载商品"按钮,将淘宝网店的商品下载到货店通。

步骤二:回到店铺商品,可以查看到绑定的淘宝网店刚刚下载的商品,浏览过后,选中需要上传到微商城的商品,将它们收录到商品中心。

步骤三:进入商品中心,看到刚刚收录的原淘宝网店下载的商品,在这里可以对它们进行标题、编码、发货地址、统一调价等的批量修改,调整完成后选择"铺货"。这时候淘宝网店的商品,就成功地上传到微商城了。

小知识

1. 货店通导入淘宝商品的方法有三种,分别是:

① 绑定淘宝网店,下载商品,关联铺货。

② 导入淘宝格式的 CSV 的数据包。点击"导入淘宝格式的 CSV"按钮,选择本地电脑中需要导入数据包,可将数据包中的所有数据导入到"商品中心",这是一种快速导入淘宝商品的方法。但是需要注意的是:导入的数据包格式必须为"csv"文件,必须有一个与数据包同名的文件夹用来保存图片,否则导入的商品信息图片将无法正常显示。

③ 直接抓取淘宝网商品详情数据。在商品中心点击抓取按钮,输入想要导入的天猫/淘宝商品详情页网址,一次最多可抓取 10 个商品 URL。输入完成后,系统进行抓取操作,商品便成功下载到商品中心,用户可以进行商品修改及铺货操作。

以上三种方式效果相同,用户可以通过商品来源获知该种商品详情的获取途径,方便管理。

2. 商品中心保存的均为本地未上传商品。用户可将需上传到网店的商品信息编辑后,预先保存在商品中心,等全部整理完毕以后,再一次性上传到各平台线上网店中。

3. 商品顶部图标,表示商品可用于铺货的平台店铺类型,如图标为红色的显示,表示商品信息不完整,无法铺货到平台,用户需及时完善商品信息。

小丽按照上面的操作将淘宝网店的商品成功一键上传到微商城"最 IN 零食",这些操作减轻了她的工作量,提高了效率,等淘宝商品更新后,后续还可以继续同步微商城的商品,真是太方便了。

拓展任务 1

请你根据小组特点和资源,选择合适的货源,发布小组的微商城宝贝(至少 10 件)。

拓展任务 2

请你调查市面上各个主流快递公司的快递费用,选择最合适小组的两家快递公司,分别制作运费模板。

任务 3 装修微店

顺利完成了商品的上架任务,大家都松了一口气,接下来就要好好为店铺装扮一番了。好的店铺布局和舒适的色彩搭配,可以有效地提升顾客的购买体验,赢得顾客的信任。

如何装修微店呢？这次轮到团队中的美工小马出手了。喜爱网购的她个性细腻，最喜欢去各个网店购物的同时浏览它们的网店装修设计。根据"最 IN 零食"的经营种类，她很快地确定了店铺的设计风格和内容，接下来就要在一周时间内完善店铺的装修了。

活动1　设置店铺主页

小马进入店铺后台的店铺装修，在这里可以根据店铺的经营种类选择系统设定的商品旺铺模板。设置的类型包括潮流服装、美味生鲜、轻奢主义、休闲"食"尚、欧美气质等多种风格。"最 IN 零食"是零食类的微店，自然就直接在众多店铺模板中选中了休闲"食"尚旺铺模板。点击选择后，微店成功自动套用了该模板内容，变成了如图5-34所示外观。

这种效果是直接使用了系统默认模板，对此小马并不满意，店铺装修要有特色，才能给顾客留下深刻印象，于是她决定改变店铺首页的布局，让自己店铺的首页"与众不同"。应该如何定制自己的首页效果呢？很明显，云起微商城同样也提供了相应的功能（如图5-35所示）。在这里我们有两个选择，第一种是直接在默认模板上进行修改：点击默认的休闲"食"尚旺铺模板旁边的编辑按钮，就可以进入编辑界面直接调整默认模板，方便快捷。第二种则适合不满意系统提供的默认模板，又不想在上面修改，希望可以根据自己的需求，从零开始设计自己店铺模板的微店，这时只需要点击新建模板——创建自定义模板，就会看到进入空白的店铺装修

图5-34　套用零食类默认模板

图5-35　定义模板的组件库

页面,自由设置自己的店铺创意了(如图5-36所示)。

图5-36 自定义模板

自定义编辑所使用的组件库包括复用和单选两种:复用指编辑中可以多次添加的组件,单选指只能添加一次的组件。编辑界面中左边是预览区,右边是组件内容设置、编辑区域,各个组件可以用拖拽形式放入左边预览框,在预览页中出现的"上下箭头"指可以上下拖拽移动各组件位置,"×号"是指可以删除该组件,编辑操作直观方便。当然最下端的"设为当前使用"选项需要慎重设置,因为如果勾选,此模板保存后就会被视为正在使用的模板,顾客用手机可以看到你的模板效果,所以还没有编辑好的模板请不要轻易勾选。如果想要查看当前编辑的页面在手机端的效果,可以点击"预览"按钮,要记住的是预览看到的内容不做存储,想要留住辛苦设计的页面效果,还是要记得点击"保存"按钮,才能存储当前效果,方便再次编辑,否则修改效果刷新后会丢失。

每个组件都有自己的特色,灵活组合之后会变成具有各自特色的微店首页。以下是各组件的介绍:

1. 店铺头部组件

建议操作流程:添加≫选择样式≫预览≫保存或继续添加组件(如图5-37所示)。店铺头部组件提供五种样式选择,分为四种普通样式和一种特殊样式。其中普通头部样式的背景、Logo和名称数据均来源于"店铺基本信息"设置的内容,而特殊样式的店铺头部是指当头部需要轮播广告作为头部显示时,可选择设置轮播内容,最多可以同时添加五张轮播图片(效果如图5-38所示)。

图 5-37 店铺头部组件

图 5-38 特殊头部样式

2. 搜索组件

建议操作流程：添加→选择样式→预览→保存或继续添加组件（如图 5-39 所示）。系统提供了五种组件样式，可以自由选择。

图 5-39　搜索组件

3. 海报切图组件

建议操作流程：添加→选择样式→添加图片→添加热点链接→预览→保存或继续添加组件(如图 5-40 所示)。

图 5-40　海报切图组件

4. 横幅广告组件

建议操作流程：添加→选择样式→添加图片→需要链接或不添加→预览→保存或继续添加组件（如图 5-41 所示）。

图 5-41　横幅广告组件

> 小提示

海报切图组件与横幅广告组件操作的异同：
1. 两者都是同时只可以插入一张图片，需要插入多张图片，需要多次添加该组件。
2. 海报切图组件的图片大小为 750 px 宽度，高不限；横幅广告组件的图片大小为 750 px×460 px。
3. 海报切图组件可在一张图片上添加多个不同链接的热点，横幅广告组件一张图片只能添加一个链接。

5. 快捷入口组件

建议操作流程：添加→选择图片样式→添加/修改图片→输入导航名称→设置链接目标→预览→保存或继续添加组件（如图 5-42 所示）。快捷入口的导航顺序可以通过上下箭头自由改变，并根据自己的需求自定义导航名称。

6. 轮播广告组件

建议操作流程：添加→添加/修改图片→设置链接目标→设置间隔时间→预览→保存或

图 5-42 快捷入口组件

继续添加组件(如图 5-43 所示)。一个轮播广告组件最多能添加 8 张广告,上传图片建议尺寸 750 px×460 px,广告之间可以调整展示顺序。

图 5-43 轮播广告组件

7. 商品列表

建议操作流程:添加→列表排版样式设置→列表详情设置→商品属性、排序设置→预览→保存或继续添加组件(如图 5-44 所示)。商品列表属于复选组件,而一个商品组件可同时添加 1—4 个列表,列表间可以调整显示顺序,为了区分,用户可以自定义列表名称,也可以选择"按条件选取"或是"手动添加"添加商品。

图 5-44　商品列表

① 按条件选取:可以用 1—3 个条件筛选,当选择多个筛选项时,则会取符合共同条件的商品。比如:取了"双十二"标签,价格在 1—100 元内的商品。
② 手动添加:输入名称、编号、货号关键字后查看搜索结果,选中合适的商品。
③ 如不设置选取商品,商品列表内容默认为全部商品。

8. 橱窗

建议操作流程:拖拽组件→选择样式→添加/修改图片→设置链接目标→预览→保存或继续添加组件(如图 5-45 所示)。系统橱窗组件提供了多种样式,用户可以根据不同样式的布局制作相应的图片大小并上传。一个橱窗组件可添加 1—4 个橱窗。

图 5-45　橱窗

以上就是云起微商城的自定义模板需要使用的组件介绍。灵活掌握组件的使用方法和技巧，可以装饰出与众不同的微商城，更好地吸引顾客注意，提高他们的购买率，这是非常重要的操作。小马根据自己的经验和对其他卖家微店的布局分析，终于定制了一个属于"最 IN 零食"的常用模板首页。

活动 2　店铺导航

导航是可以使店铺内各页面连接更紧密，更合理地引导用户浏览店铺，提高用户浏览体验的一种店铺元素。设置好网站导航，对微店来说还能够提高工作效率，减少客户流失情况，减轻客服负担。

云起微商城的自定义导航可适用于店铺首页、商品列表页、自定义页面、推广员店铺管理页、个人中心页和积分商城页。小马进入微商城后台，单击"店铺"—"店铺导航"，就可以设置零食店的店铺导航了。

现阶段系统提供的导航样式包括系统默认样式、微信菜单样式和个性菜单样式三种。如果未设置自定义导航，系统会为用户启用系统默认导航样式，而选择其他两种样式的导航，会有不一样的设置界面。

选择系统默认的导航样式，只需要点击保存并使用即可，无需做其他修改（如图 5－46 所示）。微信样式导航最多可以设置三个一级导航菜单，每个一级菜单最多可以添加五个子菜单，并为菜单添加相应链接地址，方便顾客单击直达（如图 5－47 所示），操作界面类似微信公众号。个性菜单样式最多可以设置五个导航菜单，用户可以自行设计图标并上传，图片支持 JPG、PNG 两种格式，上传图片后同样可以为该图标设置链接地址。需要注意的是底部导航总大小为 750 px×80 px，在设计图标的时候应该事先根据图标的数量，计算好图片的宽度，以免图片变形（如图 5－48 所示）。

为了让顾客有更好的购物体验，小马根据平时顾客反馈意见选择了第二种微信样式导航进行设计，由于界面和微信公众号差不多，顾客在操作上并没觉得有什么难度，反而觉得这样的设计更灵活、更具引导性，还表扬了小马的设计。

图 5－46　系统默认样式导航

图 5-47 微信样式导航

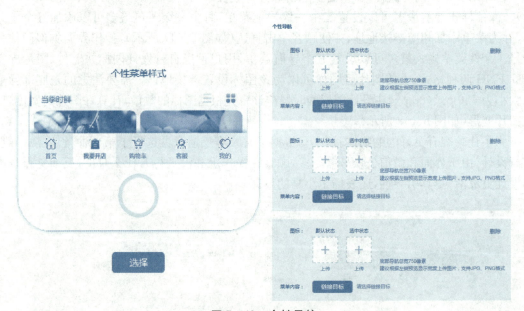

图 5-48 个性导航

拓展任务

由组长组织,各小组设计制作小组的微商城首页和导航,完成后各小组进行投票评比,从设计美观性、使用便捷性、模块丰富性和体验友好性四方面进行评分,由教师点评。

任务 4 微店交易管理

任务描述

微店运营会产生订单交易,如何高效地管理订单,实现交易管理最后盈利,是每个店主都要关心掌握的问题。小明团队的微店虽然开始运营了,但是仍然面临了一些问题,比如说有顾客不知道怎么付款,有顾客虽然收到了商品但是又后悔需要退货,小明团队也需要将获得的收益再次投入到交易中,等等。这些问题都是他们需要解决的。

活动 1 选择支付方式

之前我们学习了移动电子商务常见的几种支付方式,在云起微商城里面,同样也采用了这些支付方式。微商城的店主可以自由选择支付方式种类,来方便自己的顾客灵活采用。

进入微商城后台的设置,可以看到微商城一共提供三种支付方式,分别是云起微商城代收、支付宝支付和微信支付。用户可以自行选择是否开启三种支付方式的任意一种。

1. 云起微商城代收

它是云起微商城的官方结算方式,默认自动开启,为零门槛使用,即个人卖家与企业卖家均适用。该支付由平安银行监管,可以支持同时开通微信支付和支付宝支付功能。店主提现零费用,即时到账,目前具备服务费补贴及返现的优惠。个人卖家或者企业卖家使用该支付功能,需提前绑定银行卡。点击绑定收款银行卡,根据账户类型选择个人账户或企业账户,按要求填写相应资料,得到银行确认信息后,账号绑定成功。

表 5-2 绑定不同账户

账户类型	个人账户	企业账户
需要填写资料	开户个人姓名、证件类型(身份证或港澳通行证)、证件号码、银行卡号	开户企业名称、证件类型(组织机构代码、营业执照注册号、统一信用代码)、证件号码、银行卡号
注意事项	1. 同一个身份只能拥有一个账户 2. 更换的新银行卡开户姓名必须与之前相同,不支持不同姓名绑卡 3. 绑卡成功后,提现资金将统一打到该银行卡 4. 取消绑卡,需提交资料至客服邮箱,1个工作日后取消绑定	

除了绑定银行卡外，为了资金安全，系统还要求设置六位数的纯数字支付密码，支付密码的设定或变更需要得到银行预留手机号码发送的验证码进行身份验证，所以在设置的时候要提前确认该手机号码是否可用，否则要及时更新资料（如图5-49所示）。

图5-49　设置支付密码

2. 微信支付

微信支付方式需要微商城用户提供企业资质证明，申请门槛较高，不适合个人卖家。它是微信公众平台向有出售物品需求的公众号提供推广销售、支付收款、经营分析的整套解决方案，用户在微商城设置微信支付前，需通过申请公众账号支付和App（应用客户端）支付两种渠道接入微信支付方式，开通成功后便可以开始配置微信支付了（具体接入方式查看腾讯官网相关介绍）。

如何配置微信支付？

① 点击"微信支付"一栏的"编辑"按钮，按要求填写完善信息；

② 将支付授权目录、授权回调域名填写至微信公众号平台的开发配置进行配置；

③ 配置支付授权目录；

④ 配置授权回调域；

⑤ 将微信支付的相关内容填写至微商城后台，并进行微信支付验证；

⑥ 验证成功后完成微信支付的绑定。

小知识

微信公众账号支付是指用户在微信公众账号内使用微信支付消费，如易迅、QQ充值。

App（应用客户端）支付是指用户在手机应用App内使用微信支付消费，如大众点评、美团。

申请成为公众账号支付商户必须满足以下条件：
1. 拥有公众账号，且为服务号、企业号；
2. 通过微信认证；
3. 政府、媒体两大类型的订阅号支持申请微信支付。

3. 支付宝支付

支付宝支付同样需要微商城用户提供企业资质证明，申请门槛较高，不适合个人卖家。配置支付宝需要以下三个信息：支付账号、合作者身份ID(PID)和安全校验码(Key)。PID和Key是商户与支付宝签约后，商户获得的支付宝商户唯一识别码与密钥，只有签约产品后才会有自己的PID和Key，因此微商城个人卖家无法开通支付宝支付和微信支付。

如何配置支付宝支付？

① 登录支付宝官方网站(www.alipay.com)，在支付宝的产品商店申请手机网站支付。

② 点击导航栏中"我的商家服务"→"签约管理"，查询自己的PID和Key(PID是以2088开头的16位纯数字，PID同时也是用户id、seller_id。输入支付宝支付密码后，即可查询到Key)。

③ 将复制好的PID、Key填入支付宝支付配置页面，即完成支付宝配置(如图5-50所示)。

图5-50 支付宝配置

原来云起微商城的"支付宝支付"以及"微信支付"并不适合个人用户使用，那么小明团队就只能选择开通"云起微商城代收"这种结算方式了。他们按照提示绑定了银行卡、设置了支付密码，以后微商城内的钱款提现将统一打到该银行卡中，具体入账明细还可以在后台查看(如图5-51所示)，十分方便。

图 5-51 资金账户概况

活动 2　设置收入提现

微商城的运营要持续，需要保证现金流的可持续，只有持有足够的现金，才能在市场上取得生产资料和劳动力，为价值创造提供必要条件。小明的团队需要运营成本，就要将之前运营所得的交易收益取出，再一次投入到新一轮的店铺经营之中，才能资金充沛，保证店铺的正常运作。微商城账户里面通过交易订单得到的金额需要定时提现，用于采购货源、打包商品等。这件事情小明交由团队的副队长玲玲来负责。

做事细致谨慎的玲玲进入微商城后台，单击"资产"，进入"资金账户"。在资金账户里面，她可以看到账户总资产、待结算金额和可提现金额。账户总资产表示账户上目前的所有资金总额；待结算金额表示目前仍在交易处理中，尚未结算成功的金额数目；可提现金额表示目前可以提供提现的金额数目。

要开始提现，需要提前绑定好银行卡，在上面的任务活动中，玲玲团队开通了"云起微商城代收"的支付方式，即已经绑定好相关银行卡，因此提现就十分简单了，只需要点击页面的"提现"按钮，根据提示操作输入相应的提现金额，提现就可以顺利完成。

小提示

提现的注意事项：

1. 提现金额需满 100 元起，每笔交易手续费为 1%，由银行系统自动扣除，目前云起微商城返现 0.4%，即实际收取 0.6% 交易手续费率；

2. 当天收款金额 2 天后才可申请提现，即当天完成的订单不可当天提现；

3. 工作日成功申请提现，2 小时内到账；非工作日、节假日的提现和结算可能出现延迟；

4. 若发生提现失败，则金额会自动回到账户余额中，可再次申请提现。

活动3　处理退款

随着订单量越来越大，"最 IN 零食"也不断地面临新的挑战。与淘宝类似，在微商城购物中，如果买家对订单或者购买的商品不满意或后悔，是可以随时终止交易的，反映在订单上就是顾客可以选择退货、退款。不同的订单状态有不同的处理方式，如表 5-3 所示。

表 5-3　不同订单退货退款处理

订单状态	买家是否可以申请退款	卖家处理方法
未发货订单	可以，选择"仅退款"	通过与买家联系后选择： 1. 买家仍需商品，尽快发货 2. 买家不需商品，同意退款
已发货订单	可以，选择"退款退货"	通过与买家联系后选择： 1. 不符合退款条件，拒绝退款 2. 符合退款条件，同意退款并要求尽快退回商品

1. 查看订单

进入后台，单击"订单"，在"订单列表"处可以看到所有状态的订单，需要查看申请退款的订单，则点击"售后订单"（如图 5-52 所示）。

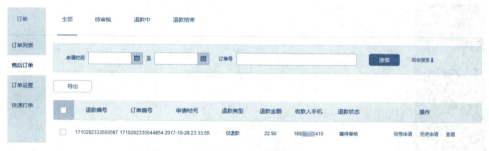

图 5-52　售后订单

售后订单的状态分为待审核、退款中以及退款结束。当买家提出退款、退货申请，订单就会进入售后，这时卖家需要根据退款类型、退款理由进行审核，决定是否同意申请。由于买家申请理由多种多样，卖家在决定之前，应该先和买家进行有效沟通，了解具体退款、退货原因，从而不断改善店铺存在的问题。

2. 处理订单

卖家同意退款、退货申请后，订单进入"退款中"状态。这时根据退款类型有两种操作：

①"仅退款"订单。这类订单卖家尚未发货，因此退款申请通过后，卖家需要线下手动将退款金额退回至买家的支付宝账号或微信账号，并在后台确认打款，点击"确认退款"按钮，退

款成功后,订单结束(如图5-53所示)。

图5-53 处理退款订单

② "退款退货"订单。由于买家在卖家寄出商品后才申请退款退货,所以在该申请通过后,买家还需要将寄出的商品通过邮寄方式退回至卖家处,等待卖家收到退回的商品,才能最终达成退款。因此卖家同意买家退款退货申请时,需要同时填写退货地址,方便买家及时寄回商品。当收到回寄商品后,卖家确认是否收货,收到货了点击"已收货,同意申请"按钮(如图5-54所示),再通过线下手动将退款金额退回至买家的支付宝账号或微信账号,并在后台确认打款,点击"确认退款"按钮,退款成功后,订单结束。

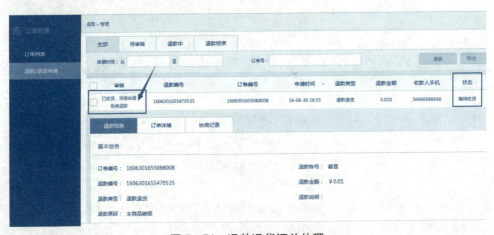

图5-54 退款退货订单处理

售后退款订单是运营中一定会遇上的问题,处理不好容易引发纠纷,但只要卖家能够秉着诚信经营、为顾客着想的理念来经营微店,良好热情的退货态度一定会被顾客感受到,吸引更多买家成为回头客。

活动 4　选择物流配送

物流是电子商务交易中不可缺失的一部分,也是影响顾客购物体验的一个重要环节。小明团队的微商城虽然在校内经营,对物流要求不高,但是随着知名度的提升,很多外校人员也慢慢地在微商城上下订单,每次都让团队成员就近派送并不合理,所以将原先仅在节假日才考虑到的物流配送提前常规化是小明团队目前的一个思考方向。那么究竟怎样才能使物流配送既控制成本又能提高工作效率呢?

物流配送的操作顺序大致如下:

1. 选择合作物流

首先,想要做好物流工作就需要了解市场上的主要快递公司,了解他们的服务模式特点,才能更好地为顾客服务。市面上常见的物流快递公司曾经在任务2的"活动2设置运费"中简单提过,在这里不做重复叙述。而在这些快递公司中进行选择取舍,还需要从以下条件考察:

(1) 服务网点

微商城的顾客遍布五湖四海,有身处发达城市的顾客,自然也有偏远地区的顾客,为了能够满足顾客不同派送地点的派送需求,应该选择服务网点较齐全的快递公司作为合作伙伴。当然,有些乡镇村等地区因为交通不便等原因,普通快递公司无法正常派送的,还可选择中国邮政作为辅助的合作快递伙伴加以补充。

(2) 服务收费

快递公司的配送价格影响微商城的运营成本,所以选择一个收费低廉的合作伙伴很重要。但是价格收费往往与服务态度、网点多寡和派送速度息息相关,所以一味地追求低廉价格,最后反而容易引发顾客关于物流的售后纠纷,得不偿失。其实现在的单件物流快递价格已经半透明化,常见的快递公司之间价格相差无几,作为一个每天发货量大的微商城店铺来说,能够控制物流快递成本的方法是与快递合作公司签署合作协议,根据月发货量的多少来获得相应的配送优惠,发货量越大,得到的配送优惠力度越高。比如从广州发货到上海,单件1公斤内快递成本约12元,如果发货量大能够与快递公司达成长期合作协议,单件的快递成本甚至可以压缩至3—4元,就可以大大地降低物流成本了。

(3) 服务态度

大多数的快递公司采用加盟、外包的模式,人员流动性较强,缺乏有效的培训,快递配送人员自身素质参差不齐,因此仅靠一个服务网点的服务态度来认定快递公司所有从业人员的服务态度是不全面的。想要通过服务态度来选择合作伙伴,可以通过以下条件来参考判断:

① 对问题件、疑难件的处理态度、实效和能力;
② 对丢件、少件等情况的售后赔偿处理态度、实效和能力;
③ 是否有客服监督电话;
④ 顾客反馈;
⑤ 正常收件、派件是否及时;
⑥ 派件是否时常有损坏情况等。

从以上几点来选择合适的快递公司,可以有效地控制物流成本,同时也能减少售后物流纠纷。为了保证物流配送的正常进行,避免意外情况,可以同时与1—3家快递公司达成合作意向,相互补充。

2. 选择打包材料

选择好快递公司后,还需要对商品进行包装,即我们常说的"打包"。不同商品种类有不同的包装材料,常见的包装材料包括纸箱、木箱、快递袋、PVC管等(如图5-55所示)。

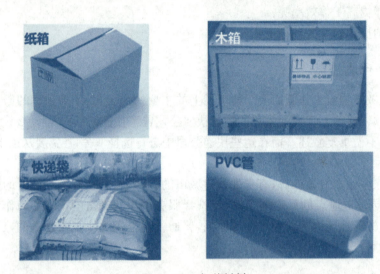

图5-55 包装材料

① 纸箱:一般来说,只要尺寸合适的话,纸箱可以作为大多数商品的外包装,其购买成本较高,但防护效果较好。

② 木箱:适用重量不重,对防震保护要求很高的商品,要用木条来加固,比如电视机、电冰箱、跑步机等。

③ 快递袋:适用不怕挤压的,材质较软的商品,比如衣服、靠垫、枕头、毛绒玩具等。

④ PVC管:要求不能折叠的纸质用品适用,比如油画、水粉画等。

3. 打包商品

商品在运送途中容易碰撞,有些易碎品还需要另做隔离防护措施加以保护,比如玻璃制品、工艺品、贵重物品等,在对这些商品打包的时候,我们要遵循以下原则:

① 外包装尺寸应比商品外观尺寸略大;

② 外包装与商品之间的空隙应填满防撞材料加以固定,如气泡袋、报纸、珍珠棉、缓冲袋等;

③ 填充物的标准是体积大、重量小;

④ 用胶带将外包装严密封好,上下一致,要求便于运输、装卸、储存、清点、防盗;必要时在外包装上贴上示警标签,提醒注意。

打包常用的这些工具可以在网店直接购买获得,由于快递运输大约多从1公斤起算,因此在打包时注重打包质量的同时也要注意控制重量,避免增加物流成本。

4. 填写物流快递单

完成商品打包后就可以通知合作的快递人员上门收件了,交接后将获得的快递单号及时登记到微商城相应订单上,以便线上随时跟踪商品。快递单所填写的主要内容包括:寄件人信息(寄件公司、联系人、地址、联系电话等)、收件人信息(收件公司、收件人、地址、联系电话)、寄件人签名与日期。一般来说,托寄物的详细内容,比如托寄物的内容与数量、寄件价格、体积重量、附加业务类型、付款方式等信息均由快递员填写(如图5-56所示)。

图 5-56 申通快递单

解决了物流配送的问题后,小明团队正式开放了校外配送服务,同学们不仅可以在校内享受到"最IN零食"的服务,到了校外同样也可以下单订购。大家可以登录网络查看到自己购买的商品物流信息,随时掌握商品动向,收到商品的同学还发现"最IN零食"的物流外包装上印有店铺Logo,为了避免同学们收到破碎的零食,每个订单的商品外还裹着缓冲袋加以保护,包装内夹着一张温馨的小卡片,提醒同学们最新的优惠,这样的服务态度获得了同学们的认同。看样子,小明团队的"最IN零食"微商城开展得十分顺利。

拓展任务1

请你设置小组微店的支付方式,并尝试成功提现到银行卡一次。

拓展任务2

小组间相互购买商品,形成订单,然后将购买的商品使用合适的包装材料打包并寄出(可模拟快递行为)。买家小组收到商品后申请退款,完成一次完整的退款操作。

任务 5　推广微店

"双十一"快到了,小明团队的"最IN零食"微商城店也想趁机举办一次大型的宣传活动,把店里的库存好好地清一清。宣传的话就要利用好宣传工具,微店最好的宣传工具自然就是微信公众平台了。

微信公众号是用来维护和增强客户关系的营销平台,公众号个性鲜明的内容引导,能够增加用户的喜好和好感,加强微店与客户的关系黏度,提升客户好感度与信任感。有顾客信任感的微店,才能够吸引更大的消费能力。

利用微信公众平台进行微店推广,可以通过以下内容来实现。

活动1　分享到朋友圈

要举办活动,自然要有一个活动主题,每年的"双十一"活动已经被消费者定义为年底大促,借着这个认知,小明团队的成员集思广益,想出了"双十一网购零食总攻略"的主题促销活动,由小丽负责促销策划文案的编写,美工小马负责美工配图,小明负责把关方案,其余成员负责利用微信和QQ把促销活动的内容分享到朋友圈。

1. 选择合适的商品

促销策划方案要先确定重点促销的商品,选择合适的热销商品促销有助于提升顾客的参与程度。因为热销商品辨识度高,需求量大,在促销时采用打折促销,明显的价格变化能够较大程度激发顾客购买欲。如果店内有滞销商品,亦可捆绑热销商品销售,以热销商品带动其销售,便于清仓。小丽根据店内的销售排行,选择了两款最热销的商品和三款滞销商品作为主推商品,原价打5折促销,活动时间仅限11月11日—12日两天。

2. 编辑图文消息

在公众号发布图文消息,需要注意标题、正文和图片的结合。在编辑的时候可以从以下内容进行思考:

① 标题。标题既要激发用户点击阅读的兴趣,也要简明地指出文章想要表达的意思,好的标题是文章的"眼睛",可以通过观察文章的访问量来揣摩公众号粉丝的接受程度,结合他们

的喜好来编辑标题。

小丽考虑到"双十一"大家都做好了采购的准备,但是应该怎样买、买什么却困扰着大家,所以如果能够出一个"攻略",列出自家商品的推荐指数,说不定能够有效地达到活动目标,因此他们将"双十一网购零食总攻略"作为活动标题。

② 图片。封面是和标题一起在第一时间呈现在买家面前的,同样影响着买家是否进一步单击查看文章内容,所以一张精美的 900 px×500 px 广告封面,比纯文字的摘要更能直观表达文章内容和主题(如图 5-57 所示)。

图 5-57 图文封面

③ 正文。由于手机屏幕小,为了阅读体验,正文内容最好简洁精湛,感染性强,有较强的可读性,才能给读者带来帮助和价值,引发共鸣,激发情感。小丽整理后的正文如下(如图 5-58 所示):

前方高能!吃货们注意啦!话说距离"双十一"大军杀到已进入倒计时,wuli 吃货宝宝们的钱包都还好吗?购物车是否都填满了?哈哈,"最 IN 零食"为大家准备好了一份妥妥的零食攻略,打折力度绝对给力!钱包急救绝对有效!废话不多说,我们赶紧来看看!

3. 编辑后保存并分享朋友圈

完成后的图文信息可以查看预览效果,确认无误后点击"保存并群发",在手机端接收后查看全文,在文章页面最右上方的省略号处选择"分享到朋友圈"(如图 5-59 所示)。在分享的时候,可以填入自己的推荐想法,以便吸引更多人群点击分享,比如说"资深吃货推荐!""吃货们来看吧!"等,如果有特别推荐的用户,可以专门提醒某个朋友收看,有必要的话可以显示所在位置。

想要通过朋友圈分享达到推广效应,就要注意文章的可读性、顾客的喜好等,当然也要多加微信好友。当朋友看到刚刚分享的朋友圈文章有意义,他们也会想着分享出去,这样一传十、十传百,效果就出来了。

为了鼓励大家推广分享,还可以在文章末尾处写上相应的鼓励推广奖励,比如类似"每分享一篇最 IN 零食的文章到朋友圈,并将分享成功的截图页面发送至'最 IN 零食'公众号的朋友,可以获得 5 元代金券",又或者"集齐 35 个点赞,并将点赞成功的截图页面发送至'最 IN 零食'公众号的朋友,可以免费获得××零食"等。这些奖励措施,能有效地激发大家的分享热

图5-58 正文截图　　　　　图5-59 分享朋友圈

情。此次之外，在图文消息上附上相应的公众号二维码，方便朋友们用手机扫码或长按图片识别二维码的方式分享公众号，也能够起到很好的推广效果。

活动2　群发微信

公众号正式投入使用之后，通过分享朋友圈，"最IN零食"的用户在逐渐增加，为了让大家能够及时收到微商城店的最新优惠信息，负责推广的小明决定好好维护公众号，定期给用户们发一些优惠信息等微信图文信息。

他首先登录微信公众号，进入公众号管理平台首页后，在页面的右边看到了"新建群发"的字样，这里就是群发消息的地方了。

群发消息的步骤：登录微信公众平台→新建群发→根据群发对象、性别、群发地区选择群发用户对象→添加发送的图文消息/文字/图片/语音/视频等内容→立即群发/定时群发（如图5-60所示）。

图5-60 群发消息

> **小提示**

添加发送的图文消息/文字/图片/语音/视频等内容可以选择：

1. 直接添加已经编辑好并储存在素材库的内容。
2. 即时新建图文消息/文字/图片/语音/视频等内容，或分享其他公众号成功声明原创的文章链接。
3. 文字内容只可以即时添加。

其他小知识：

1. 订阅号一天只可以群发一条消息，服务号一个月可以群发四条消息。
2. 素材库中的图片、语音可以多次群发。
3. 图文消息目前内容字数上限为6 000个字符或600个汉字。
4. 语音限制最大5 MB，最长60 s。支持MP3/WMA/WAV/AMR等格式。
5. 视频限制最大20 MB，支持RM/RMVB/WMV/AVI/MPG/MPEG/MP4等格式。

小明点击了"新建群发"按钮，进入群发编辑页面，今天他需要发一条给所有用户看到的图文消息，因此他点击了"新建图文消息"→"自建图文"。在新弹出来的页面上，他根据小丽和他说的标题、正文、图片等图文消息编写的重点（具体查看上一活动）编辑编写了一篇图文消息，图文消息包括：

① 标题（最多64个字）。
② 作者。
③ 正文内容（可根据需要插入图片、视频、投票、音频、小程序等），如果文中有引用别人文章的，还需要插入原文链接。
④ 图文消息封面。
⑤ 摘要（与标题、图文消息封面一同展示在发送的图文消息首页）（如图5-61所示）。

编写好后的图文消息点击"保存并群发"就可以了，群发成功的图文消息会出现在用户关注的公众号里面供给他们查看阅读。由于订阅号一天只能群发一条消息，小明很珍惜每天的机会，都会细细检查过无误才点击发送按钮。可是再细心的人也总有粗心的时候，发送后图文信息万一发现信息出错了怎么办？

发送成功的图文消息是不能取消的，为了避免造成更多用户的误解，有时候可以采用删除图文消息的方式减轻影响。

图5-61 公众号的群发消息

删除群发消息的方法：进入公众号—已群发消息—删除。

删除后用户将无法访问此图文消息，群发权限不会恢复。小明了解了这些之后，觉得随意删除图文消息是一件很不负责任的事情，这样会影响不明究竟的用户对公众号的信任，造成公众号的负面影响，所以为了避免造成这种后果，编辑图文消息的时候一定要细心谨慎。

活动 3　设置自动回复

当用户需要利用公众号获取某些资讯的时候,万一客服一时无法应答而造成用户流失,就得不偿失了。为了减轻公众号的运营压力,使用微信公众号推广时,设置自动回复是必要的。

自动回复的种类分为三种:被关注自动回复;关键词自动回复;用户消息自动回复。

1. 被关注自动回复

被关注自动回复,顾名思义就是当用户添加微信公众号后,公众号应该给予的回应。小明把自己代入用户身份,想了一下:当用户关注了微信公众号,最想得到的回应是什么呢?

① 单纯的问候,如"你好,欢迎关注'最 IN 零食 GD'!"

② 有引导性的回复,如"你好,欢迎关注'最 IN 零食 GD'!";回复"1",了解最新优惠资讯;回复"2",了解物流快递"等。

作为一个关注了微信公众号的用户来说,关注代表有需求,单纯的问候自然可以,但是带有引导性的回复,更能够表明公众号的工作态度以及服务热情,让刚刚进入公众号的用户一下子找到了方向。

小明想了一下,决定选择第二种作为微信公众号的被关注自动回复,并做了编辑(如图 5-62 所示)。

> 您好,欢迎关注"最 IN 零食 GD!"在这里你可以:
> 回复"1",关于最新资讯;
> 回复"2",关于最 IN 零食;
> 回复"3",关于优惠打折;
> 回复"4",关于物流快递;
> 回复"5",关于退换货。

图 5-62　编辑被关注自动回复

应该如何添加这些自动回复呢?

小明进入了微信公众号的后台,点击"功能"→"自动回复"→"被关注回复",在这里他可以添加文字、语音、音频和视频等。为了让用户有更好体验,他将回复设置得简洁清晰。

2. 关键词自动回复

关键词回复,可以针对用户较多提问的问题来设置统一回答,既减轻了客服负担,又提高了效率。那要怎样来设置关键词回复呢?首先要知道顾客比较常问的问题是什么,在其中提取关键词;只要用户的输入提到这个关键词,那么系统就会自动捕捉,然后给出相应答案。

在被关注回复中,小明设置了引导性回复,那么当用户回复"1"的时候,希望得到的回复自然就是"关于最新资讯"的内容,于是为了让用户可以及时得到回复,小明这样设置:

① 进入"自动回复"→"关键词回复";
② 点击"添加回复"按钮;
③ 规则名称:关注回复;
④ 关键词:"1",全匹配;
⑤ 回复内容:11月11日—13日,本店将举办一年一度的"双十一"大促,亲们要准备好购物车哦,优惠多多,实惠多多!具体优惠信息持续关注本公众号!
⑥ 回复方式:回复全部;
⑦ 保存。

保存后的效果如下(如图5-63所示):

图5-63 关键词回复"1"

> **小提示**

关于关键词回复:

1. 规则名称是自定义的,可根据自己需求命名。
2. 关键词可以同时添加九个,同一个回复的不同关键词可以安排在一个规则中。
3. 回复内容可以同时添加四个不同回复,可以是图文消息/文字/语音/图片/视频。回复内容可以同时全部发出,也可以随机选择一条回复发出。
4. 除了可以作为被关注的引导回复外,还可以设置其他关键词。

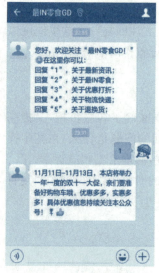

图 5-64 关键词回复"1"

小明按照以上方法,将被关注回复中的其他数字作为关键词,全部做了编辑。当顾客回复相应数字的时候,就可以获得回复了(如图 5-64 所示)。

3. 收到消息回复

设置好了关键词回复后,客服的工作就轻松了很多,有指引性的回复引导用户使用公众号,达到了事半功倍的效果。但是如果有用户没有输入相应的关键词,无法得到匹配的回答,那应该怎么办呢? 这时候,就要靠"收到消息回复"的设置了。

小明进入收到消息回复,发现这里可以输入文字、图片、语音和视频作为回复内容。为了落实之前的引导性回复,小明决定将回复设置如下:

> 很抱歉,没有找到您输入的关键词,您可以通过以下方式去了解:
> 回复"1",关于最新资讯;
> 回复"2",关于最 IN 零食;
> 回复"3",关于优惠打折;
> 回复"4",关于物流快递;
> 回复"5",关于退换货。

设置完成后,小明在手机端试验了一下之前所有的设置,发现无误后正式投入了使用。

活动 4　自定义菜单

进入微信公众号后台,点击自定义菜单,就可以对微信公众号的菜单进行编辑了。微信公众号的自定义菜单在公众账号会话界面的底部,菜单项可以按需设定,并为其设置相应动作。用户通过点击自定义菜单,收到公众号设定的相应,如收取消息、跳转链接等。

为了更好地让用户体验微信公众号,小明和小丽讨论后决定将自定义菜单设置如下:

1. 一级菜单

考虑自身网店营销需求,将最直接、用户最关注的呈现在一级菜单中,建议至少有一个可以直达微营销店网址。一般微营销店顾客最关注的都是打折、促销的信息,所以一级菜单设置为:优惠促销、商城直达、联系客服。

① 优惠促销:设置二级菜单;
② 商城直达:直接连接微商城店网址;
③ 联系客服:设置二级菜单。

2. 二级菜单

每个一级菜单下至多设置五个子菜单,为了贴合同学们的使用习惯,小明将二级菜单设置为:

① 优惠促销:"双十一"优惠、校园专享;
② 联系客服:关于我们、联系电话。

在微信自定义菜单设置中,如果设置了二级菜单,那么一级菜单仅可设置菜单名称,否则在任一菜单下均可设置发送信息、跳转网页、跳转小程序三种选择。

在二级菜单中,"双十一优惠"和"校园专享",小明都专门做了相应的图文消息供给用户查看了解;而"关于我们"和"联系电话",则可以通过制作图片或视频的方式来向用户介绍(如表5-4和图5-65所示)。

表5-4 不同的自定义形式

发送信息	添加图文消息、图片、语音、视频等
跳转网页	可手动输入网址链接(认证后);跳转至自己的公众号图文消息(认证前)
跳转小程序	跳转至绑定的小程序

图5-65 编辑自定义菜单

设置好后的自定义菜单需要点击保存并发布,25小时后可在手机查看菜单内容。需要注意的是,未认证的订阅号只可使用编辑模式下的自定义菜单功能,只有认证成功后才能使用自定义菜单的相关接口能力。

拓展任务1

请你设置引导性的自动回复,要求粉丝加入时能够有引导性答复。

拓展任务2

请你宣传微信公众号,让微信公众号的粉丝超过20人。

拓展任务 3

请你群发一条关于微商城的图文消息,并将其分享到朋友圈,集齐 30 个点赞。

任务 6　微店推广技巧

一个好的微店想要成功,没有人气是不行的,想要积累人气,就要靠推广。推广是微店赚钱的秘籍。现在"最 IN 零食"已经通过校内同学们的口碑传播打出了名气,大家开始想将市场往外拓展了,可是外面的市场虽然广阔,竞争却十分激烈,配合一定的推广手段是必不可少的了。小明将大家集中起来讨论了一下,如何才能有效推广呢?他们觉得可以从以下几个方面来思考:

1. 如何积累人气?
2. 如何优化商品?
3. 如何包装商品?
4. 如何促销推广?

活动 1　微店引流技巧

引流,就是将更多的人(流量)吸引到自己的微店,形成人气。流量是微店店主们的一个痛点:没有流量,为微店做的所有努力都将白费,产品无法销售出去,等于一切归零。所以引流是进行推广的一个重点,同时也是一个难点。

小明通过各种渠道找了一些引流的方法,他发现其实引流的方法很多,无非就是从线上线下一起入手,让更多的人知道自己的微店。对于引流问题,曾经在淘宝上开店的小丽也有自己的看法:在淘宝上的流量是集中的,通常店主们靠打造爆款的方式去引流,顾客下单会看详情页、评价,由于淘宝上的商品众多,他们还会去"价"比三家;而微店上的商品通常没有长篇大论,只是通过几张图片和一些文字简单介绍,就可以让顾客"看到"商品了,这样看来,似乎微店上的销售更简单,但是事实如此吗?

微店和淘宝店的一个很大的区别,在于微店的顾客拥有更多"情感"需求,他们通过朋友圈、好友介绍、店主服务等各种方式被聚集在一起,能够吸引他们购买的一个重要因素,就是信任。因为信任朋友,所以购买;因为信任店主,所以购买。没有这种信任,微店的销售就难以持续。所以这也要求微店的店主在对待自己的微店顾客时,需要付出要更多的情感和良好的服务态度去感化、吸引他们。常见的微店引流,我们可以这么做:

1. 利用微信朋友圈引流

微信朋友圈,是微店推广的一大利器,因为微店对情感的需求和微信相匹配,所以微信朋友圈是微店宣传推广引流的首要渠道。那么怎样用微信朋友圈来引流呢?

微信朋友圈可以发送的内容包括图片、文字和小视频,这些都是引流可以使用的工具。在发布朋友圈内容的时候我们要注意:

(1) 图片

① 图片要清晰,不能完全是产品图,要多加一些生活元素(如图 5-66 所示)。

② 在发布的图片上添加自己微店名称等标签来增加顾客的印象。

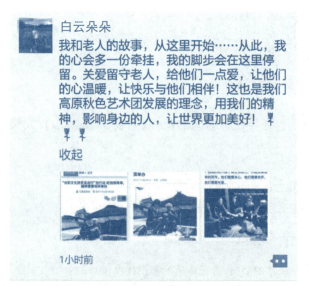

图 5-66 添加生活元素的朋友圈推广

图 5-67 通俗语言的朋友圈

(2) 文字

① 使用的语言要通俗易懂,有生活气息,可以记录自己生活的点滴,反映自己的心情状态,拉近与顾客的距离,让他们感觉你是他们的朋友(如图 5-67 所示)。

② 多使用网络或口语化语言,比如"剁手""长草"等。

(3) 内容

① 除了展示产品,还可以展示你的专业,在朋友圈内成为产品的首席培训官,传播产品和服务的知识。

② 展示微店的优惠,用奖励或者二维码方式鼓励朋友圈扩散。

③ 尽量避免文字折叠现象,108 字以下全文显示,108—200 字显示一半,后面部分需要点开才能阅读全文,200 字以上将变成一行。根据研究表明,直接全文预览的文字推广效果最好。如果因为图文需要必须多行文字,可以在下方评论处重新发布完整文字,方便阅读。(如图 5-68 所示)

图 5-68　蛋糕店的朋友圈推广

除了以上的注意事项外,朋友圈刷图刷消息还要注意时间的把握(如表 5-5 所示),太频繁地刷图会引起顾客反感。

表 5-5　适合的发图时间

清晨	7:30—9:30	发布励志类文字或笑话,主要是打招呼
中午	11:30—14:30	发布生活照或搭配产品图等,可以与粉丝互动
下午	15:00—17:00	发布打包商品或工作的心情,表现微店的热门程度
晚上	17:00—22:00	发布买家秀或顾客反馈,感谢顾客支持

时间与内容并非固定,可以根据自己的实际情况进行调整。

2. 利用其他销售平台人气引流

微店的出现较晚,许多在微店经营的店主都曾经在其他销售平台上开过店,有一批老顾客资源,比如淘宝网。这时可以利用其他销售平台的人气,将微店经营起来。之前说过微店对情感需求的特殊性,对于维护顾客来说,微店需要花费的精力更多。这也表明只要维护到位,微店更容易提升顾客满意度和品牌归属感。那么怎样可以把其他销售平台的人气引过去呢?其实做法很简单:

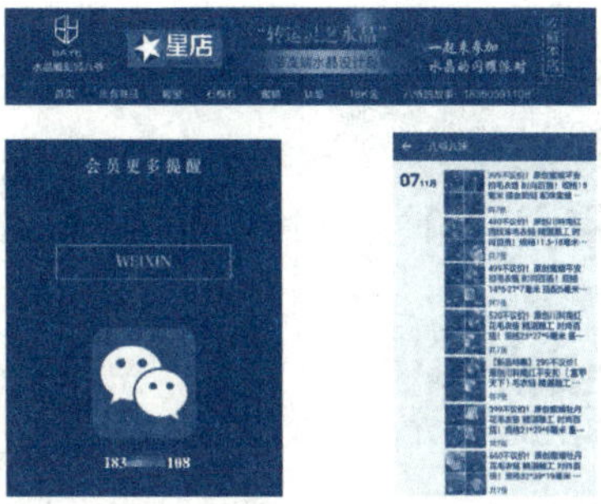

① 用文字和图片、直播等方式在其他销售平台上写上自己的微信号用以宣传,吸引想要了解更多商品或者不方便经常上销售平台的顾客加入微信号(如图5-69所示)。

② 定时维护朋友圈或公众平台,保持热度。

③ 潜移默化,细心维护老顾客需求,以老顾客带动新顾客方式慢慢增加微店人气。

图5-69 淘宝网店铺与微信朋友圈

3. 利用论坛、贴吧等平台引流

论坛和QQ空间、百度贴吧也是可以引流的渠道。利用这些渠道引流的重点是"关键词"。

① 搜索关键词。寻找确定与推广微店或商品匹配的热门关键词后,输入相应关键词,可以进入搜索到的贴吧或论坛帖子、QQ空间帖子,进行回复跟帖,内容可以包括相应的软文广告、链接、二维码等。切记不要直接发广告,否则容易被屏蔽或封号。

② 后期维护。发帖、跟帖后要定期去维护帖子,有回帖要跟帖,有问题要回答,保持帖子的热度,尽量发一些"有质量"的帖子,比如说有意义、有价值的科普帖,能引起大家关注的故事帖等。这样帖子的热门程度高,发帖人的人气也越高,宣传引流也更容易。

4. 利用问答式引流

问答式引流是近年来新型引流方式,通过百度知道、天涯问答、新浪爱问、知乎、搜搜问问等回答平台回答问题,进而采纳回答,来引起访客关注的一种手段。这部分的访客因为有明确的访问目的、特定需求,所以通过合理、正确的回答所获得的转换率很高。想要获得这部分的引流人气,首先要定位好目标顾客群,明确商品卖点和优势,在相应顾客聚集的平台上多回复问题,引起访客关注,从而引流(如图5-70所示)。

图5-70 问答式引流

5. 利用线下渠道来引流

除了线上的人气，其实线下也可以引流。主要的工具是微信、二维码和名片。

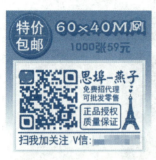

图 5-71 二维码引流

① 微信加好友。微信作为大家必备的社交软件，几乎每个手机都装有它的 App，用微信加好友的方式很多：单独的可以通过二维码或搜索账号添加好友，同时添加多个新好友的就可以用到雷达加好友这个功能了。"进入微信—添加朋友—雷达加朋友"这个便捷的方法能够同时添加多人，对于多人聚会等活动很有帮助。为了能够辨别不同好友，应该在添加好友的时候立即设置备注信息。

② 二维码。在做活动或者引流的时候，我们常常会用一张海报或者宣传单张印发内容，然后在上面添加二维码吸引人们关注，这种方式能够发展潜在客户，是商家目前最常用的引流手段（如图 5-71 所示）。

③ 名片。名片在线下社交的时候，是一种有效工具，能够让别人在第一时间获知你的相关信息，所以在推广微店的时候，应该事先准备好一张好的名片来宣传自己的微店。因为是微店的推广，名片在设计的时候应该个性化一些：二维码的图案、颜色、大小、位置，要么简洁，要么新颖，给人留下深刻印象（如图 5-72 所示）。

图 5-72 微店名片的正反面

以上所提到的各种引流方式，并没有说哪个效果更好，大家可以根据自己的实际情况综合实践运用。小明和名煜在经过思考和分析后，决定多管齐下，好好地宣传一下"最 IN 零食"。

第一步，给每个社团成员安排任务，发动身边资源通过公众号图文消息和朋友圈转发点赞的方式，迅速集合亲朋好友关注微信公众号，并宣传"最 IN 零食"微商城。

第二步，安排负责的同学在相关零食论坛、百度贴吧等论坛进行软文发帖和维护。

第三步，经过亲戚同意后，名煜在淘宝网店上打出了微商城和公众号的联系方式，为微商城的社会效应打下了基础。

第四步，安排负责同学注册多个账号，分别前往不同问答平台提问或解答，宣传"最 IN 零食"微商城和公众号。

第五步，为各负责同学印发名片，方便他们进行线下宣传。

第六步，定期在校内或兄弟院校通过摆摊或第二课堂方式在校园内进行二维码宣传（可准备相关小礼品),同时派发名片,雷达加好友,鼓励加入的会员顾客发展新顾客。

为了应对突发的情况,社长小明积极地关注各个引流方式的进行,在社员们遇到问题的时候及时进行调整,很快"最 IN 零食"微商城和公众号突破了他们定下的目标,顺利地完成了引流任务。

活动 2　商品优化技巧

微店是通过手机展示的,为了加强顾客的浏览体验,对商品的优化可以集中在商品标题、商品图片。

1. 商品标题

想要让微店中的宝贝被顾客搜索到,可以重点优化商品的标题,那么商品标题有什么优化技巧呢?商品标题的优化技巧就是关注宝贝关键词,提升宝贝搜索权重。

什么是关键词?就是顾客在搜索商品的时候经常搜索到的词语,即顾客根据自己所需搜索的产品名称,这个名词可以是一个单字,也可能是一个词汇,也可能是一个短语(如图 5-73 所示),比如说正品、新款、韩版、长款连衣裙等,商品标题含有这些热搜的关键词,能够提高权重,大大增加被搜索到的几率。

- 属性关键字
  └─→ 指介绍商品的类别、规格、功用等介绍商品基本情况的字或者词
- 促销关键字
  └─→ 促销关键字是指关于清仓、折扣、甩卖、赠礼等信息的字或者词
- 品牌关键字
  └─→ 品牌关键字包括商品本身的品牌和我们店铺的品牌两种
- 评价关键字
  └─→ 主要作用是人产生一种心理暗示,一般都是正面的、褒义的形容词

图 5-73　关键词

表 5-6　常见的关键词组合

关键词组合	举例
促销关键字+属性关键字	七折　背心雪纺　T 恤
品牌关键字+属性关键字	罗莱家纺纯色四件套
评价关键字+属性关键字	热销　流苏长裙　连衣裙
品牌关键字+评价关键字+属性关键字	老鲜生　好评鱿鱼仔 500 g　带籽
评价关键字+促销关键字+属性关键字	好吃的包邮多口味豆腐干

除此之外,为了提高被搜索率,我们还可以在关键词间留出必要的空格,比如"女装 T 恤"和"女装 T 恤",留出空格便可以将一个关键词变成两个标题关键词,便于顾客搜索店铺商品。

2. 商品图片

商品图片是在搜索页面最吸引顾客的,新颖而漂亮的主图比模糊无重点的图片更能打动人(如图 5-74、图 5-75 所示)。

图 5-74 模糊无重点的主图

图 5-75 新颖漂亮的主图

那么如何才能有美观出色的图片(如图 5-76、图 5-77 所示)?
① 图片清晰、明亮、背景简单不杂乱,大小尺寸合适;
② 细节突出,商品在图片中的占比大;
③ 多用模特图,少用挂图平铺图;
④ 为图片适当添加适当的促销词语,比如包邮、减价、热门等词语,但不能过分;
⑤ 加上本店防盗水印,即可推广又可防盗图。

(1) 商品款式不清晰

(2) 商品图片不清晰

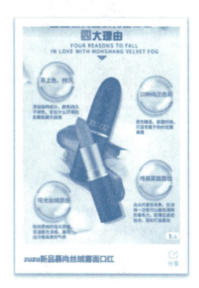

(3) 商品挂图不美观　　　　　　　(4) 商品背景杂乱

图 5-76　不当的图片展示

(1) 有水印的商品图　　　　　　　(2) 有适当促销词语的商品图

（3）背景干净、主题清晰的商品图　　　　（4）构图饱满的商品图

图 5-77　正确的图片展示

图 5-78　商品细节

商品的图片在拍摄后得到原图，然后需要用 photoshop 或者光影魔术手等图片处理软件适当处理过后才能投入使用，所以掌握这些软件的使用方法也很重要。另外，商品除了图片要美观合用外，对商品细节的描述也要恰当详细，比如说商品的质地、颜色、款式、面料和使用方法等属性。如果配合图文使用（如图 5-78 所示），能够让顾客对商品有更深的理解，避免出现沟通交易上的误会。

活动 3　店铺装修技巧

小明团队将微店的商品全部整理一遍，惊喜地发现商品的点击量更高了，特别是一些滞销商品，更换图片后点击率也有了提升，看来一个好的商品标题和商品图片的确能够让商品焕然一新。

"最 IN 零食"的装修是美工小马负责的，由于业务发展，他的工作也多了起来，团队新吸收了一些新成员帮忙他的工作，为了培训这些新成员，让他们尽快熟悉工作，他总结了一些微店装修的技巧。

1. 店铺风格和定位

在开店之初，并不推荐立刻装修店铺，因为这个时候店铺的定位和风格还未确定，贸然动手装修店铺是一件浪费时间的事情。店铺的定位和风格应该由店主或者运营经理确定，定好后，美工就要开始根据微店的具体情况来确定颜色和素材了。

从颜色来说，主色调的选择可以从经营的商品类型、主要消费团体以及季节假日等情况来决定。

表 5-7　色彩的寓意

颜色	寓　意
白	象征真理、光芒、纯洁、贞节、清白和快乐,给人以明快清新的感觉
红	热烈的颜色,象征生命、鲜血、烈火和爱情,心理作用可促使血液流通,加快呼吸,促进兴奋感
绿	给人希望的象征,给人以宁静,可以降低眼内压,安定情绪,减轻视觉疲劳,呼吸变缓,舒适感增加
紫	表示柔和、退让、沉思,常常给人以宁静、镇定、幻想的梦幻感,也有神秘的暗示感
黄	最令人愉悦的颜色,被认为是知识和光明的象征,可以激发朝气,令人思维敏捷
橙	年轻、新势力的象征,给人以活泼、向上、温暖的感觉,不似红的热烈,对比黄色显得更加年轻
蓝	平静、干净、严肃、科学、和谐,药用类等带有科学成分的产品更合适使用
黑	沉稳、厚重、冷酷,又是很大气的一种颜色

没有哪种店铺必须使用哪种颜色为主色调的硬性规定,但是使用寓意符合微店定位的颜色,明显更容易让顾客产生购买欲望。比如说大红、紫色的颜色适合冬天、节假日、促销时使用;蓝色,绿色适合销售护肤品、高科技商品的店铺;橙色,黄色适合主要消费群体是年轻人的店铺;黑色、白色适合高科技商品、以男性为主要顾客群体或风格是时尚简约型的店铺。在选择店铺主色调的时候可以多观察同类型商品或代入顾客角色,以专业的眼光知识或同理心来选择色调,后期也可根据店铺统计的数据进行适当修改。

2. 装修风格保持一致

装修店铺的时候,有时候会分模块装修,这时候容易出错的操作就是不同模块的装修风格不一致。比如说店铺店招使用浪漫温馨风格,但是商品的介绍却个性十足;明明主页公告里面的文字口吻是萝莉卖萌风格,店铺的海报广告却优雅复古。这样混乱的装修风格缺乏整体统一性,无法让顾客对店铺、商品产生深刻印象,因此应该避免(如图 5-79 所示)。

图 5-79　不同风格店铺

常见的店铺风格有：优雅复古、个性时尚、简洁干练、活泼可爱、浪漫温馨、宜人清爽。

3. 适时更换宣传广告

店铺装修应该随着店铺促销的变化而适时改变，比如说上个月店铺的热销主推商品是"蔓越莓干果"，那么美工可以将这款商品制作一个热销推荐的海报页面放在主页显眼位置，而这个月的主推商品改成了"777松塔"，如果热销推荐的海报还是蔓越莓，那么"777松塔"的销售将会受到影响。其他促销页面的宣传广告内容一样如此。

4. 完善店铺装修

初期的店铺装修受到人手或工作量的限制，未必全部能够在第一时间装修完毕，那么后期随着店铺的发展和人手的补充，之前欠缺的部分就要慢慢补足完善。

以"最IN零食"微商城为例（具体装修方法查看项目五的任务3"装修微店"）。

表5-8 必须装修和容易忽略的模块

必须装修的模块部分	店铺店招(首页)、快捷入手(首页)、商品列表(首页)、商品详情(宝贝页面)等
容易忽略的模块部分	海报切图(首页)、横幅广告(首页、宝贝页面)、轮播广告(首页)、营销活动(首页)、优惠券(首页)、商品分类(分类页面)等

不同的微商城/微店可能模块叫法不同，但是具体内容都是大同小异的。在店铺主页，关于促销和优惠信息的模块是该页面主角。但在店铺装修中，关于商品宝贝页面的设计才是美工最耗神的，因为这个页面直接影响着顾客的购买转换率，如何通过商品页面介绍激发顾客的购买欲望，是美工需要配合营销部门、客服部门共同讨论的问题。

活动4 促销技巧

美工小马的培训如火如荼进行，社长小明也在考虑培养一批专门负责推广促销的团队，他通过校内招新的方式在不同年级、不同专业都招聘了一些同学，并让他们在自己熟悉的生活领域对"最IN零食"进行宣传，为了配合这一个项目的顺利进行，小明将促销技巧进行了传授。

在微店时代，促销推广工作往往和售前客服工作相挂钩，目的都是说服顾客购买。想要说服顾客购买，需要做一些准备。

1. 详细了解商品和店铺定位

了解商品目的是为了找出商品的卖点，了解店铺定位目的是找出潜在顾客。对一个商品来说，可能卖点有很多，比如一款手机可以拥有快速的反应、友好的用户界面、功能齐全，还有超强的拍照系统等卖点（优势）。但不同的潜在顾客对这款手机可能有不同需求：有的人喜欢自拍，那么推荐促销的时候就应该抓住超强的拍照系统这个卖点来说服对方；有的人希望一台手机可以支持空调遥控、出行导航、NFC闪付等操作，那么功能强大则是它最大的卖点。有的放矢的推广,比漫无目的的宣传更有效。

2. 善用各种推广促销工具

微店/微商城都有自带的推广促销工具,"最 IN 零食"微商城所在的云起微商城平台就提供优惠券、满就送、拼团、限时秒杀等 11 种店铺促销工具(如图 5-80 所示)。利用好这些微店自带促销工具,可以让店铺的促销手段变得多种多样,也能激发顾客购物的热情。除此之外,微信朋友圈、公众号作为微店常用的促销工具,也要经常进行维护,切忌"三天打鱼两天晒网"。

图 5-80　不同的促销工具

3. 掌握话术技巧

促销的时候最怕辛辛苦苦拉了个客户回来,结果说错话惹怒顾客,丢了订单还要被投诉。作为促销人员,一定要掌握一些话术技巧。

促销相类似于售前客服,应对不同顾客有不同的应对方法(如图 5-81 所示)。

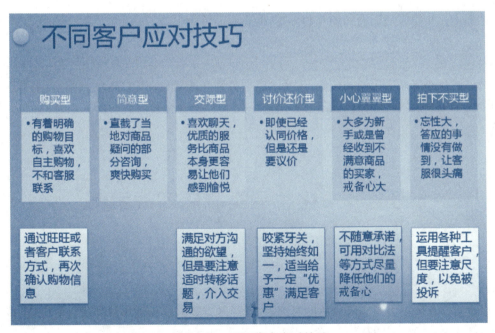

图 5-81　不同客户应对技巧

如果遇到讨价还价的顾客,应该如何回复他们?具体应对方法如图5-82所示。

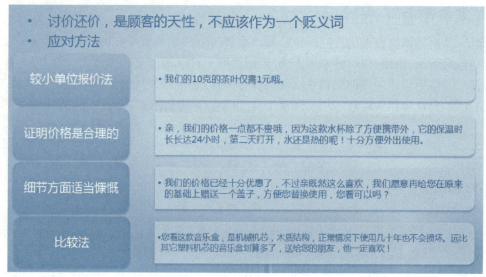

图 5-82 讨价还价顾客的应对方法

总体来说,促销的技巧就是利用各种促销工具让顾客看到商品的价值,同时使用话术等成交方法说服顾客快速下单。

拓展任务 1

请你优化小组微店的商品图片和标题,提高商品竞争力。

拓展任务 2

请你优化小组微店店铺的装修,包括微店主色调的选择和宣传广告的调整,在主页增加至少两个促销工具模块,如满就送、限时秒杀等。完成后发布相关内容的图文消息到公众号/朋友圈。

任务 7 化妆品类微店实战案例

通过前面在微商城建立零食店的实训后,已经基本掌握了创建和管理微店的操作,接下来可以尝试在微店 App 上创建一个个人微店。

活动 1　化妆品微店装扮及商品发布

1. 创建店铺

在电脑上打开微店（https://www.weidian.com/）网址，点击注册，完成提交注册申请、填写店铺信息后就可以开店了（如图 5-83 所示）。

图 5-83　微店创建成功

2. 发布商品

发布商品前需要在 App 进行实名登记，点击商品管理，会弹出"去认证"的对话框，在弹出的对话框中输入真实姓名、身份证以及银行卡号即可通过认证。回到添加商品页面，按要求填写商品内容（如图 5-84 所示）。

发布新商品需要的模块和之前任务提到的差不多，包括商品图片、商品标题、商品属性、商品价格、库存、运费模板等。需要注意的是商品详情，系统可以根据你填写的商品图片以及商品标题来自动生成商品详情，或者你也可以根据需求选择合适的模块进行编辑内容。

以上商品的发布需要有自身的商品货源，如果没有货源，可以直接进入 App 的货源中心，根据分类选择化妆品，寻找自己合适的货源代理（如图 5-85 所示）。

图 5-84 添加商品

图 5-85 货源代理

小提示

通过自主发布和分销代理的商品都会在 App 端的商品管理模块内显示管理,但 PC 端无法显示分销代理的商品。

请根据以上所提到的,分别通过货源代理和自己发布商品,发布一款关于"面膜"的女化妆品。

3. 店铺装修

回到微店 App 首页,点击微店名称,可以进入微店管理,单击装修市场,开始进行店铺装修。

店铺装修包括自定义装修和选择付费模板两种。作为一家新开的店铺,在初期因为资金不充裕,所以可以选择自定义装修,在微店运营稳定后,再进行深度装修,因此付费装修可以根据自身需求来选择。在这里暂时使用自定义装修。单击店铺装修页面的编辑按钮,进入自定义装修。自定义装修默认包括店铺信息、店长推荐和热卖商品三个部分,可根据需求另外再插入店铺形象、导航、广告、内容模块、搜索、店长笔记、推广工具和特色模块等内容(如图5-86、图5-87所示)。

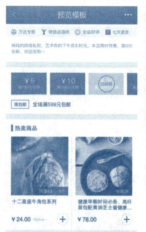
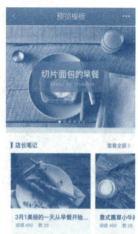

图5-86 自定义装修微店　　　　　图5-87 自定义装修效果

自定义装修自己的微店,要求微店装修模块必须包括店铺形象、店铺信息、导航、搜索、店长笔记、店长推荐、热卖宝贝、广告等模块,模块内容自定,完成后由教师评分点评。

活动2　化妆品微店的推广

微店自带推广营销工具,同时也可以使用朋友圈、公众号推广。

登录微店 App,单击推广模块,进入推广页面,在这里可以看到"获得新客""营销工具"和"推广服务"三个版面。顾名思义,其中"获得新客"就是吸引新买家的推广方式,"营销工具"是在店内举行的各种推广活动,"推广服务"则是利用各种外联推广工具进行推广。

在进行推广前,首先要明白一个道理,推广方式多种多样,并非每一个都需要用到,应该根据自己的需求选择合适的、积极有效的推广。

什么是积极有效的推广呢?
(1)能够迅速扩大化妆品的知名度。
(2)能够有效抢占化妆品的市场份额。
(3)能够满足众多顾客的购物需求。
(4)能够加快资金的回笼速度。
综上所述,可以在以上的推广方式及工具中选择最适合自己的。

1. 店长笔记

进入"微店管理"→点击"店长笔记"→添加"新笔记"→填写标题→添加内容→分享朋友圈/微信/QQ平台等。店长笔记可以撰写店铺经营理念、成长经历、商品使用方法和个人感悟,需要的话可以添加图片、商品、视频、优惠券、拼团等内容,提高可读性(如图5-88所示),操作类似微信公众号的图文消息。

图5-88 店长笔记

图5-89 分成推广

2. 分成推广

进入"推广页面"→"营销工具"→"分成推广",点击进入"分成推广"后可以开通该服务。设置有效的佣金比例后,会有推广者帮助微店进行推广。只要推广者成功售出商品,那么微店主就需要付出佣金,交易不成功无需支付任何费用,是一种有效的推广方式。当然要注意佣金比例不要超出商品成本,通常设为10%(如图5-89所示)。

3. 满减、满送、优惠券、优惠套餐、限时折扣等

这些推广方式都是店内的促销工具,只需要按照提示操作,就可以在店内设置各式优惠来满足不同买家的购物需求,提高他们的购买欲望。

各微店在众多推广方式中选择至少五种,为自己的微店进行推广。一段时间后统计推广后获得的收益,由教师评分点评。

活动3 交易管理及绩效考核

微店运营推广展开后会陆续有顾客访问、咨询并购买,这时就要进行交易管理。交易管理从顾客咨询开始,一直到订单售后处理结束为止。工作主要由店内客服承担,包括回复咨询、导购促销、订单处理等。

1. 客服工作技巧

客服在进行应对顾客的时候,需要注意自己的态度和回复技巧。

比如说打招呼,由于选择微店购买的顾客大多是年轻人,所以在回应的时候,客服应该活泼亲切,无需太过死板严肃,这样可以在最开始的时候拉近和顾客距离,培养顾客的好感。

在进行导购促销的时候,客服们必须首先对顾客有充分的了解,实事求是地介绍产品,坚定顾客的购买决心,并根据顾客的特点和购买需求,着重介绍商品的卖点。比如说一个女性学生顾客需要购买微店内的一款水杯,那么你推荐的水杯商品卖点可以集中在"方便携带""款式可爱清新""性价比高"中的一两个。比如推荐理由:因为女性学生大多喜欢可爱清新的款式;因为要上课,所以最好杯子有挂绳方便携带或者可以放入书包;因为他们的预算不多,所以性价比高更能够打动他们。至于其他商品卖点则可以省略不说,以免顾客选择困难。

引导购买的时候有些顾客会就价格展开博弈,这时候客服要让顾客了解到一分价格一分货,在不得不降价的时候,可以给予私密优惠。

达成交易后,为了培养回头客,客服还需要进行适当的售后服务,比如说赠送优惠券、返现、折扣等优惠引导顾客进行下一次购买或者介绍他人购物。

如果遇到没付款的订单或者订单关闭的状态,客服可以主动联系顾客,通知顾客尽快付款或咨询放弃原因。

2. 绩效考核

微店在经营后要统计经营的好坏,给予运营团队绩效考核,鼓励或肯定他们的工作付出,对微店查漏补缺,以便更好地运营下去。

不同微店会有不一样的绩效考核标准,可根据一段时间内的表现(7天/30天)来计算团

队/个人的成绩。一般来说,可以按以下内容来评定:

表 5-9 绩效考核内容

序号	评分项目	负责岗位	分值	增/扣分说明(备注)
1	成交订单	客服		
2	成交额	客服		
3	访客数	客服、推广		
4	成交转换率	客服		
5	订单退款率	客服		
6	微店装修完整度	美工		
7	微店装修美观度	美工		
8	商品图片及海报	美工		
9	商品上下架情况	网络编辑		
10	微店文案、商品编辑	网络编辑		

如何查看成交订单等数据呢?

进入微店 App,点击"经营分析",可以看到 7 天或 30 天的访客数量、支付客户数量、成交转换率和支付金额等多种数据,可以根据以上数据分析每个岗位的任务完成情况(如图 5-90 所示)。

图 5-90 微店经营分析

微店装修和商品编辑、文案、上下架情况的判定可以查看"活动 1"的介绍。

拓展任务

在微店开设一家关于女装的店铺,完成商品发布以及店铺装修,使用各种推广使店铺访客达到 10 人,一个月后根据绩效考核看看哪位同学的微店运营最佳。

项目练习

1. 单选题

(1) 以下哪个不是常见的商品外包装材料?(　　)
  A. 纸箱　　　　　　B. 胶纸带　　　　　　C. 木箱　　　　　　D. 快递袋

(2) 以下哪个快递不是目前微店常用的快递?(　　)
  A. 顺丰快递　　　　　　　　　　　B. 平邮
  C. 申通快递　　　　　　　　　　　D. EMS

(3) 适合在微店首页添加的促销工具是(　　)。
  A. 满就送　　　　　　　　　　　　B. 限时秒杀
  C. 拼团　　　　　　　　　　　　　D. 朋友圈图文消息

(4) 以下说法错误的是(　　)。
  A. 线下也可以引流,主要的工具是微信、二维码和名片
  B. 二维码是微信专用的
  C. 微店推广必须要用微信公众号
  D. 快递袋包装适用不怕挤压的,材质较软的商品,比如衣服、靠垫、枕头、毛绒玩具等

(5) 订阅号一天只可以群发一条消息,服务号一个月可以群发100条消息,这句话是(　　)的。
  A. 正确　　　　　　　　　　　　　B. 错误

2. 简答题

(1) 微店和微店铺的区别是什么?
(2) 常见的商品标题优化中关键词组合组成有哪些?
(3) 选择物流合作伙伴时的考虑因素是什么?